헤일로 프로젝트

당신이 하나님을 더 깊이 알아 가고 더 널리 알리는 사람이 되는 것, 이 책에 담겨진 예수전도단의 마음입니다. 말씀을 통해 저자가 깨닫고, 원고를 통해 저희가 누릴 수 있었던 그 감동이 책을 통해 당신에게도 전해지기 원합니다. 그리고 당신을 통해 그 기쁨과 은혜가 더 많은 이들에게 계속해서 흘러가기를 기도하겠습니다. 이 책을 통해 당신이 받은 은혜를 다른 분들에게도 나눠 주십시오. 사랑하고 축복합니다.

Copyright © 2007 by Craig Greenfield
Originally published in English under the title
The Urban Halo
published by Authentic Media
9 Holdom Avenue, Bletchley, Milton Keynes, Bucks, MK1 1QR, UK
All Rights Reserved.

Korean Copyright © 2010 by YWAM Publishing Korea

본 저작물의 한국어판 저작권은 도서출판 예수전도단에 있습니다.
저작권법에 의해 보호받는 저작물이므로 무단 전재와 복제를 금합니다.

캄보디아 고아들과 부르는 소망의 노래

헤일로 프로젝트

크레이그 그린필드 지음 | 한화룡 옮김

예수전도단

영감과 지혜의 원천이자 동반자인
아내 네이에게 감사하며 이 책을 바칩니다.

한국어판 서문

"도대체 무얼 하고 있는 거니?"
나는 물에서 물고기를 들어 올려 나무 위에다 놓고 있는 원숭이에게 말했다.
그러자 그 원숭이는 "물에 빠져 죽지 않게 구해 주는 거야"라고 대답했다.

앤서니 드 멜로의 《바다로 간 소금인형》 중에서

나는 우리 가족이 여러 해 동안 살았던 캄보디아 빈민가에서 추방당하기 바로 며칠 전에 《헤일로 프로젝트》를 썼다. 세계에 널려 있는 수많은 고아들의 필요에 대한 전통적인 생각에 도전하고 창의적인 새로운 대안을 제시하고 싶었기 때문이다. 이 책은 우리가 아시아의 한 빈민가에서 살았던 6년과 거기서 만난 고아들과 고아들을 돌보는 흥미진진한 새로운 패러다임을 다룬 이야기다. 현재 이 사역에서는 에이즈로 말미암아 고아가 된 수많은 어린이를 돌보고 있다.

새로운 세대의 한국인이 복음을 들고 세계 빈민가로 나아갈 때, 함께 머리를 맞대고 새로운 선교 방법을 연구해 봐야 한다. 우리 상황에 잘 맞는 것을 그대로 가져다가 새로운 상황에 접목하는 것만으로는 충분하지 않다. 그렇게 하면, 우리는 앤서니 드 멜로(Anthony de Mello)의 《바다로 간 소금인형》(보누스 역간)에 나오는 원숭이같이 행동하는 우를 범하는 것이다. 선한 뜻과 좋은 의도로 행동하지만 비극적인 결과를 낳는 실수를 범하고 만다. 이런 실수는 우리와 사역에만 나쁜 영향을 끼치는 것이 아니다. 우리가 전도하려는 가난한 사람들과 변화되기를 소망하는 빈민가에도 부정적 영향을 끼친다.

하나님을 위해 한평생 가난한 사람들을 섬겼던 존 퍼킨스(John Perkins)는 도시 빈민 공동체가 정말로 변하려면(영적, 경제적, 사회적으로) 세 가지 유형의 사람이 필요하다고 말한다. 이런 유형의 사람은 전도하려는 지역 공동체에 출퇴근하지 말고, 그 안에 들어가서 살아야 한다. 예수님이 하늘에 머무르신 것이 아니라 이 땅에 내려와 우리와 함께 사신 것처럼 말이다.

첫째, '이전해 온 사람'(relocators)은 그 지역에서 태어나지 않았지만 그 지역에 와서 성육신하여 이웃과 똑같이 사는 사람이다. 하나님의 부르심을 받아 다른 나라에서 사역하고, 심지어 빈민가로 들어가는 한국인이 점차 늘어나는 요즈음, 그들은 외부인으로서 자신이 부르심 받은 나라에 겸손하게 들어가서 먼저 배우고 그다음에 섬기는 성경의 오랜 전통을 따른다. 나는 룻, 요셉, 느헤미야가 그런 유형의 사람이라고 생각한다. 이들과 더 많은 사람이 하나님의 부르심을 받아 다른 나라에 가서 궁극적으로 그곳을 변화시키는 데 일익을 담당했다. 이 책은 내가 그런 변화를 이루기 위해 빈민가에 이전해 간 이야기를 담고 있다.

둘째, '돌아온 사람'(returners)은 빈곤한 지역에서 태어나 자라다가 더 나은 삶을 위해 떠난 사람이다. 그들은 더는 자신의 이웃만큼 가난에 얽매여 있지는 않지만, 한때 도피하려 했던 지역에 돌아와 살기로 선택한 사람이다. 예를 들어, 모세는 '돌아온 사람'이었다. 하나님은 그를 선택하여 전 민족을 자유롭게 하셨다. 모세는 자신이 이끄는 사람들과 같은 인종에, 같은 혈통이었지만, 다른 면에서는 완전한 외부인이었다. 모세는 이름은 외국식이고(모세라는 이름은 어린아이를 뜻하는 '모스'라는 이집트 단어에서 유래한 것이다), 동족이 쓰는 말을 잘하지 못했으며(아론이 그의 말을 통역했다), 이상하게 옷을 입고 달라 보였다(출 2:19). 마치 내가 아는 몇몇 선교사 같다! 하지만 하나님은 모세를 선택하여 이스라엘 민족을 약속의 땅으로 인도하게 하셨다. 이 책은 아내 네이의 이야기를 담고 있다. 아내는 크메르루주 시절 어린아이로 도망쳐 나갔다가 전쟁으로 피폐해진 캄보디아로 돌아온 사람이다.

셋째, '남아 있는 사람'(remainers)이 있다. 그들은 자신이 몸담은 지역 공동체의 문제에서 도피할 수 있었지만 그대로 남아 자신의 공동체에서 성육신하여 살면서, 주변에서 일어난 문제들을 해결하는 데 적극적으로 나선 사람이다. 그들은 우리가 섬기러 간 장소에 사는 지역 주민이다. 또한 변화를 도모하려는 우리 전략의 중심이 되어야 한다. 그들은 우리가 고국으로 돌아가고 나서도 계속 그곳에 남아 있을 것이다. 우리가 할 일은 그들이 지도자가 되어 이끌 수 있도록 힘을 실어 주는 것이다. 이 책은 여전히 남아 있는, 현지 캄보디아 사람들의 이야기를 담고 있다. 그들은 우리가 시작했던 사역을 몸소 이끌면서 기쁨으로 분투하고 있다.

우리의 본은 예수님이다. 예수님은 가난한 집에 태어나기로 선택하셨다. 그분은 위생적인 종합병원이나 은은한 조명이 비치는 산부인과 의원에서 태어나시지 않았다. 동물의 똥 냄새가 진동하는 헛간에서 태어나셨다. 그분은 어린 시절 애굽으로 피난하셨다. 어른이 돼서도 부자가 되지 않고, 보잘것없는 목수로 일하셨다. 유명한 설교자가 되었을 때도 지갑에서 돈을 꺼내 모든 사람에게 밥을 사 주지 않으셨다. 오히려 그분은 소년에게 물고기와 빵을 빌려 수많은 무리를 먹이셨다. 사실상, 예수님은 어떤 주장을 하기 전에 동전 한 닢을 빌려야 했을 만큼 매우 가난하셨다. 예수님은 거대한 로마 경기장을 빌려서 부흥회를 하지 않으셨다. 그 대신 조그만 배를 빌려 설교하셨다. 예수님은 마차나 좋은 말을 타고 마을에 들어가지 않으셨다. 그 대신 당나귀를 빌려 타고 예루살렘에 들어가셨다. 예수님은 분명히 소유물이 매우 적었으며, 단순하게 사셨다. 그분은 하늘의 부를 다 놓아두고 우리가 사는 곳으로 내려오셨다.

이것이 누가복음 10장에서 제자들을 둘씩 내보내기 전에, 예수님이 먼저 그들에게 모든 소지품을 내려놓게 하신 이유다. 가진 것이 거의 없는 사람이라면 단순하게 사는 것이 바람직하다. 우리가 만약 풍요롭게 산다면, 사람들은 우리의 물질과 재산에 집중하고 우리가 제공하는 것에 그릇된 결론을 내리는 경향을 보일 것이다. 호화로운 소유물은 우리도 모르는 사이에, 사람들이 우리가 전하는 메시지를 듣지 못하게 방해한다.

그러나 편안하고 풍요롭게 사는 데 익숙한 사람이 어떻게 빈민가에 사는 사람처럼 단순하게 살 수 있는가? 내가 '이전해 온 사람'으로서 빈민가에 들어갔을 때, 소비 및 생활수준을 어느 정도까지 낮추어야 하는지 고심하지 않을 수 없었다. 이 책은 예수님과 함께 가난한 자들을 향하여 아래로 내려가는 여정을 다룬 이야기다. 또 가난한 사람들을 위해 일하기보다는 그들과 함께 일하는 방법을 다룬다. 이 책을 통해 우리는, 21세기에 가난한 사람들과 나란히 걸어가는 내부자로서 선교하는 방법과 아울러 고아들을 돌보는 새로운 방법을 알게 될 것이다.

아무쪼록 하나님이 이 책을 사용하셔서 세계 선교에 힘쓰는 한국 교회를 더욱 축복해 주시기를 기도한다.

2010년 1월 캐나다 밴쿠버에서
크레이그 그린필드

CONTENTS

한국어판 서문 6

PART 1 — 도시 빈민 선교의 소명을 받다(1996년)

Chapter 1 발걸음을 멈추고 16
Chapter 2 우리 집을 찾아온 캄보디아 고아들 21
Chapter 3 캄보디아 단기선교 26
Chapter 4 크메르루주 학살에서 살아남은 아내 33
Chapter 5 뉴질랜드 오클랜드 빈민가 훈련 45

PART 2 — 캄보디아 빈민가로 들어가다(2000년)

Chapter 6 빅토리 크릭 브릿지의 무당 52
Chapter 7 빈민가 상자 속의 삶 67

PART 3 — 캄보디아 고아들을 만나다

Chapter 8 고아원 아이들 78
Chapter 9 대리 어머니 94
Chapter 10 헤일로 프로젝트 102
Chapter 11 부부 갈등 111
Chapter 12 사창가 사역 116

PART 4 프놈펜 빈민가, 엔드 오브 더 로드에 들어가다(2003년)

Chapter 13 엔드 오브 더 로드	124
Chapter 14 고아를 위한 교회 개척	132
Chapter 15 무슬림 참족 사역	137
Chapter 16 빅 브라더·빅 시스터 프로그램	142
Chapter 17 고아를 위한 제자 훈련	147
Chapter 18 세계로 뻗어 가는 고아 사역	161
Chapter 19 고아를 위한 사회운동	177
Chapter 20 사탄의 공격과 배신	186

PART 5 밴쿠버 빈민가, 이스트사이드로 떠나다(2006년)

Chapter 21 하나님의 약속	194
Chapter 22 일어나 행동하라	197

  아시아 도시빈민선교회 / 고아 사역을 위한 조언 / 고아 관련 사역 참여 안내 **부록**

주 219
국내외 고아 관련 사역 참여 안내 228
나인 프런티어스 시리즈 소개 230

URBAN HALO

PART 1

도시 빈민 선교의 소명을 받다
(1996년)

Chapter 1 **발걸음을
멈추고**

흘끔, 곁눈질로 너덜너덜한 빨간 반바지를 입은 소년을 보았다. 소년은 먼지가 풀풀 날리는 길 한복판에서 자고 있었다. 옆에서 차들이 제멋대로 달리든 말든 아랑곳하지 않는 듯했다. 아니, 그런 곳에서 잠이 든 것도 모르고 있을 터다. 아마도 본드 중독이리라. 때 묻은 손가락을 감쌀 비닐을 찾아 헤맸겠지.

나도 모르게 발걸음을 멈췄다.

오른편 조금 떨어진 곳엔 5성급 호텔이 우뚝 서 있었다. 잘 다듬어진 잔디밭과 화려한 수영장이 눈에 띄었다. 전에 회사 간부로 일하면서 업무차 내 집처럼 드나들던 호텔들이 떠올랐다. 그 시절, 세계에서 둘째가라면 서러워할 만한 호텔의 무도장을 빌려 호화로운 연회를 열었다. 중요한 고객의 마음을 사로잡기 위해 비용 따위는 고려하지 않았다. 그래, 그것이 내가 살아온 모습이었다.

그 호텔 뒤에는 더럽지만 살아 숨 쉬는 빈민가가 있었다. 그곳은 사람, 쥐, 질병으로 가득했다. 광대한 갈색 하수도인 메콩 강 주변에 줄지어 있는 빈민가의 끝자락이었다. 나는 그곳에서 작은 판잣집을 하나 빌려 새로운 삶을 시작했다. 브랜드 매니저에서 빈민가 주민으로 단번에 신분의 계단을 뛰어내린 것이다.

낡은 스쿠터를 세워 두고 소년에게 다가갔다. '열한 살쯤 됐을까?' 다가가 보니 손에 본드 봉지를 들고 있지는 않았다. 고개를 숙이고 들여다보면서 부드럽게 건드리자 작은 몸이 움찔했다.

소년은 잠에 취한 갈색 눈을 슬며시 껌벅였다. 그는 조용히 누워 아무 말도 하지 않았다. 우리는 차들이 오가며 내는 굉음 속에서 조용히 마주 보았다. 움푹 팬 웅덩이를 빠르게 지나치는 타이어의 마찰음이 횡횡 들려왔다.

"인도로 가자."

대답을 기대하지는 않았다. 그러나 소년은 끙끙대며 무어라 했다. 하지만 무슨 말인지 도통 알아들을 수가 없었다.

"너, 말할 수 있니?" 귓바퀴 언저리에 속삭이며 한 팔로 소년의 목을 감아 들어 올렸다. 소년은 고개가 뒤로 약간 늘어진 채 싱긋, 이를 드러내고 웃었다. 본드를 흡입한 아이는 아니었다. 그러나 언어장애가 있었다. 눈을 들여다보니 지능이 모자란 것 같았다.

지나가던 사람들이 모여들었다. 키 큰 곱슬머리 백인이 길 한복판에서 현지 소년을 향해 웅크리고 있는 것이 신기했던 모양이다. 나이 든 누군가가 담배를 물고 능글맞게 웃으면서 말했다. "거리를 돌아다니는 미친 애요. 지능이 모자라는 아이니 번거롭게 돌봐 줄 필요 없어요." 그가 말을 이었다. "벌써 여러 해 이 거리를 돌아다녔소."

"이 아이는 누구죠? 아는 사람 없나요? 이 아이의 집은 어딘가요?"

주변을 향해 소리쳤지만 사람들은 어깨를 으쓱이며 웃을 뿐이었다.

"걘 그냥 거리에서 살아요. 사람들이 가끔 주는 음식을 먹고요." 대리석 조각들이 가득 담긴 가방을 등에 멘 작은 소년이 말했다. 그가 다가오더니 낡은 빨간 반바지를 입은 소년의 손에다 대리석 조각 하나를 떨어뜨렸다. "이 아이는 고아예요."

말하지 못하는 소년에게 작은 친절을 베풀었지만 내 마음은 편하지 않았다. 고아 한 생명을 책임져야겠다는 사명감 때문이었다. 스쿠터 앞에 소년을 조심스레 앉히고는 달리기 시작했다. 뽀얗게 이는 먼지 속에서 사람들은 알 수 없다는 표정을 지었다.

그날 밤 늦은 시간, 좌절과 낙심이 밀려왔다. 오후 내내 그 지역에 있는 모든 기독교 고아원에 전화해 보았지만 이 소년을 받아 줄 곳은 찾지 못했다. 특별한 필요가 있는 이 아이를 아무도 돌봐 주려 하지 않았다.

"거기 고아원은 3분의 1밖에 안 찬 것 같던데…. 왜 안 받아 준다는 거지?" 난 화가 나서 네이에게 소리쳤다. "어쩔 수 없이 거리의 아이들을 보호하는 야간 보호시설에 맡겼어. 거긴 오래 있을 수도 없는데."

네이는 고개를 끄덕이며 말했다. "그 소년에겐 보호시설이 아니라 집과 가정이 필요해요." 그러고는 말을 이었다. "필요하다면 언제라도 그 아이를 우리 집에 데려오세요." 아내는 언제나 아시아인 특유의 친절한 환대와 지혜로 나를 격려해 주었다. 아내 주위에는 많은 사람이 몰려들었다. 하지만 아내의 매력적인 미소 뒤에는 과거의 아픈 상처가 감추어져 있었다. 아내의 아버지는 무자비한 전쟁 중에 살해되었으며, 아내는 영양실조로 고통을 겪다가 결국 난민이 되어 뉴질랜드로 이주했다. 우리는 결혼하고서 직장을 그만두고 전쟁의 참혹한 상흔으로 가득한 아내의 고향으로 돌아왔다. 어둡고 불결한 이곳으로 하나님이 부르셨다는 소명 의식을 품고서.

다음 날, 보호시설에서 전화가 왔다. "크레이그 씨?" 혹시나 하는 일말의 기대를 걸었다. '그 아이를 보호할 고아원을 찾은 걸까?' 보호시설 여직원은 말을 더듬었다. "저, 그러니까, 그 아이가, 동이 트자마자 달아났어요! 옷까지 벗어 버리고요." 난 그날 온종일 프놈펜 거리를 돌아다니면서 벌거벗은 소년을 찾아다녔다. 연약한 고아를 잃어버렸다는 죄책감과 좌절감이 몰려왔다. '내가 지금 여기에 뭘 하려고 온 거지? 왜 이 나라, 이곳 빈민촌에 와 있는 거냐고?' 발이야 부르트든 말든 상관없었다. 단순히 가난한 자들을 위한 자비와 동정의 문제가 아니었다. 하나님이 여기로 부르신 목적이 무엇인지 깊이 생각했다. 어떤 결과가 나오든, 그것은 하나님께 신실하고 순종하느냐의 문제였다.

거의 2주가 지나서야 한 친구의 집 앞에서 그 소년을 발견했다. 여전히 벌거벗은 채 웅크리고 있는 소년을 보며 안도의 한숨을 내쉬었다. 이번에는 소년이 친절한 캄보디아인 가정에 들어가서 살 수 있도록 조치를 했다. 그 아인 혼자 대소변을 볼 수도, 옷을 입을 수도, 몸을 닦을 수도 없었다. 하루 24시간, 일주일 내내 돌봄과 감독이 필요했다.

그러한 역경이 있음에도, 아이는 꾸준히 성장했다. 불과 몇 주 만에 네다섯 단어를 발음할 수 있게 되었다. 점차 살이 찌고 안정을 되찾았다. 우리는 그 아이를 분디(Vundy)라고 불렀다. 분디는 곧 내가 타고 다니는 스쿠터 소리를 알아들었다. 아이가 새로 살게 된 집 바깥에 스쿠터를 세울 때마다 아이는 거리로 달려 나와 흥분한 목소리로 외쳐 댔다. "아빠! 아빠!"

예수님은 천국의 영광을 버리고 이 세상의 가장 낮은 곳으로 오셔서 매춘부, 나병 환자, 어린아이를 찾아다니셨다. 그분은 최소한 한 남자의 인생에 혁명을 일으키셨다. 그 사람이 바로 나다. 예수님은 나를 회사 권력의 심장부에서 이끌어 내어 프놈펜 빈민가의 뒷골목으로 인도하셨다. 예수님은 내가 캄보디아 출신의 활기찬 피난민 소녀와 사랑에 빠지게 하고, 세상 사람들이 보기엔 미친 짓 같은 모험에 동참하게 하셨다. 그리고 우리를 통해 분디와 같은 고아 수천 명을 돌보는 사역을 하도록 축복하셨다.

Chapter 2 우리 집을 찾아온 캄보디아 고아들

나는 일찍이 장난감 나누어 쓰는 법을 배웠다. 부모님은 싸우기 좋아하는 놀이 친구들을 계속 만들어 주셨다. 학대, 장애, 가정 해체 등으로 가정을 잃은 아이들을 입양해 데려오신 것이다. 그 아이들이 내가 아끼는 책을 엉망으로 만들어 놓거나 콧물을 잔뜩 묻혀 놓으면 속이 상해서 구슬피 울었다.

사정이 이렇다 보니 어머니 말씀에 크게 놀라거나 당황하지 않았다. "자, 크레이그, 두 아이가 살 만한 공간을 더 마련해야겠구나." 크메르 루주('붉은 크메르'라는 뜻으로, 1960년대에 프랑스에서 교육받은 마르크스주의자들이 결성한 캄보디아 혁명파 조직을 통틀어 이르는 말 – 역주)의 살인 통치를 피해 캄보디아 고아 두 명이 우리 집에 온 것이다.

원래 어른을 동반하지 않은 아이는 뉴질랜드에 들어올 수 없었지만, 이 두 고아는 피난민 캠프에 들어가지 않기 위해 다른 피난민 가정 아이인 것처럼 이민 당국을 속이고 뉴질랜드에 들어왔다고 했다.

비행기에서 내리자마자 아이들은 자신들을 데리고 온 가정과 관계가 나빠졌다. 그래서 사회사업가에게 사실대로 말하고 다른 곳으로 가기로 했다. 그렇게 해서 상처 입은 캄보디아 고아 두 명이 뉴질랜드에, 우리 집에, 내 인생에 끼어들었다.

새로 정착한 나라에 걸맞게 그들은 존(John)과 애나(Anna)가 되었다. 처음 우리 집에 왔을 때, 시무룩하고 말이 없었다. 그들은 부모와 형제를 살해한, 실패한 공산주의 실험장에서 추방당한 유랑자였다.

존의 가슴에는 크메르루주에게 고문당한 흔적이 있었다. 영어를 거의 하지 못하면서도 고문당한 사연을 생생하게 설명할 수 있었다. 나는 너무 어려서 그들이 보고 겪은 공포를 제대로 이해할 수 없었다. 하지만 그들이 조금씩 영어를 하게 되면서 나는 종종 그들의 생존 이야기에 빠져들었다.

내가 알아들은 첫 번째 이야기는 매일 밤 크메르루주 군인들 몰래 강을 타고 수영해서 빼앗긴 음식을 되찾아 온 이야기였다. 어떤 병원 뒤에 있던 그 강은 병원의 모든 오물을 갖다 버리는 곳이었다. 게다가 군인들은 누군가가 강물 안에 있을 거라는 의심이 들기만 하면 강을 향해 총을 쏘아 댔다. 그러나 음식은 너무 귀하고 존에게는 부양해야 할 가족이 있었다. 심야에 목숨을 건 이 도박은 불가피한 것이었다.

또 다른 희비극적인 이야기는 닭 밀수와 관련된 것이었다. 아직 영어가 서투른 존은 팔을 상하로 움직이면서 '꼬꼬' 하고 암탉 우는 소리를 흉내 내고, 귀에 거슬리는 웃음소리를 냈다. 존은 상당한 유머 감각이 있어서, 이야기가 음울하긴 했지만 재미있었다.

수년이 지나 내가 크메르 어를 잘하게 되고 그 문화에 익숙해지면서 이런 생각을 했다. 소년 시절로 돌아가 존, 애나와 함께 그들의 언어로 이야기를 나누고, 친구로서 왁자지껄하게 함께 울고 웃고, 그들의 이야기를 제대로 듣고 고통을 나눌 수 있다면 얼마나 좋았을까.

만약 과거로 돌아갈 수만 있다면, 그들이 이해할 수 있는 방식으로 뉴질랜드의 문화를 설명할 수 있을 텐데. 당시 존과 애나는 뉴질랜드에서 심각한 문화 충격을 겪었을 것이다. 나는 우리 가족이 마련해 준 편안한 침대를 마다하고 존과 애나가 딱딱한 방바닥에서 자는 것이 몹시 의아했다. 샤워하는 방식은 더욱 이상했다. 그들은 샤워장 바깥에 서서 몸에 물을 퍼부었다. 결국 욕실에는 물난리가 나고, 어머니는 깜짝 놀라셨다.

존은 생각에 잠긴 듯, 자주 오랫동안 정원 잔디밭에 쪼그려 앉아 있었다. 그러다가 갑자기 과일나무로 기어올라 가장 높은 곳에 있는 가지에서 가볍게 열매를 땄다. 어느 날, 존이 허세를 부리며 우리 집 2층 창문에서 몇 미터 떨어진 큰 나무로 뛰어내렸다. 나뭇가지를 붙잡았지만, 무게를 이기지 못해 그대로 콘크리트 바닥으로 떨어졌다. 여기저기서 나뭇가지들이 부러지며 굉음이 들렸다. 그는 용감하게 일어나 억지웃음을 지으며 절뚝거렸다. 휴, 크게 다치지 않은 것 같으니 불행 중 다행이었다. 그러나 우리는 이틀이 지나고 나서 존의 다리가 부러졌다는 사실을 알았다. 전혀 아픈 내색을 하지 않았기 때문이다. 존은 뉴질랜드에서 맞이하는 첫 번째 크리스마스를 병원에서 보내야 했다.

존과 애나는 벼농사를 짓는 농부 출신이었다. 거친 외양을 한 그들은 내성적인 책벌레인 내게 큰 도전이었다. 한번은 존이 집 근처 숲에서 발견한 커다란 벌집에 가 보자고 유혹했다. 난 그 숲에 들어간 적이 거의 없었다. 존은 이를 드러내고 웃으며 벌집 아래에 무릎을 꿇고 앉았다.

마른 나뭇가지 끝을 휘발유 병에 담갔다가 빼고 나서 재빨리 성냥불을 붙였다. 그러더니 벌떡 일어나 불붙은 나뭇가지를 벌집 한가운데 쑤셔 넣었다. 그러자 벌집 안에서 잔뜩 화가 난 벌 떼가 내 쪽으로 몰려들었다. 나는 비명을 지르며 삼십육계 줄행랑을 쳤다. 바로 뒤에서 존이 깔깔 웃으면서 쫓아왔다.

존과 애나는 이틀에 한 번씩 필사적으로 싸웠다. 보통 나이가 많고 남자인 존이 우세했는데, 싸움이 시작되면 나머지 아이들은 잽싸게 그 방을 빠져나왔다.

한번은 존이 홧김에 드라이버를 집어서 애나에게 던졌다. 그 드라이버는 내 어깨 너머 조금 떨어진 벽에 깊숙이 박혔다.

나는 부엌으로 몸을 피하면서 소리 질렀다. "조심해!" 드라이버가 내 등 바로 뒤에 따라온다는 느낌이 들어 몸서리쳤다.

애나 역시 야비한 싸움을 잘했다. 싸움을 하다가 존의 머리털을 엄청나게 뽑은 적도 있었다. 때때로 싸움이 너무 격렬해서 말리지 않으면 안 됐다. 어느 날 저녁, 둘이 심하게 싸우는데 보다 못해 가족 중 한 사람이 끼어들었다. 그는 존의 머리를 팔에 끼고 누르면서 나지막한 목소리로 경고했다. "이제 여동생은 그만 괴롭혀." 그들이 캄보디아에서 보고 겪은 고통을 생각하면, 그토록 잔인한 까닭을 이해할 수 있었다. 나는 훗날 캄보디아에 가서야 그들의 공포를 조금이나마 이해하게 되었다. 사역하면서 유사한 공포를 몸소 경험했으니 말이다.

뉴질랜드에 사는 캄보디아 사람들은 매년 4월 중순경 오클랜드에서 설날을 축하하는 파티를 열었다. 나는 그 모임에 정말 가기 싫었다. 4월 어느 날, 귀에 꽂은 워크맨의 이어폰을 내려놓지 않고 툴툴거렸다. "아버지, 거긴 정말 지루해요! 안 가면 안 돼요? 전 가 봤자 아는 사람도 없고 음식도 다 이상한 것뿐이라고요!"

"크레이그, 어서 옷 입어. 가족인데 같이 가야지." 아버지는 꾸짖으며 말씀하셨다. 나는 할 수 없이 존과 애나를 후원하기 위해 캄보디아 모임에 가야 했다.

그 모임에서 대개 얼굴을 찌푸린 채 캄보디아 음식이 가득 놓인 식탁 주변을 어슬렁거렸다. 커다란 검은색 스피커에서는 캄보디아 전통음악이 흘러나와 나무로 지어진 학교 강당을 가득 채웠다. 애나는 강당 한복판에서 캄보디아 어른, 어린이 들과 함께 손목을 빙빙 돌리면서 춤을 췄다. 모든 사람이 가락을 맞추는 동안, 내가 아는 거라곤 움직임뿐이었다. 그래도 꽤 재미있어 보였다. 나는 한동안 춤추는 사람들을 지켜보았다.

당시엔 몰랐지만, 그날 그곳에는 춤추는 사람들을 수줍은 눈으로 지켜보던 또 한 사람이 있었다. 이마 중앙에 새까만 앞머리를 드리우고, 고양이처럼 똘망똘망 아름다운 눈을 한 내 또래의 귀여운 짧은 머리 소녀였다. 만약 그날 내가 어떻게 여기에 있느냐고 질문했다면, 그 소녀는 특유의 억양이 섞인 영어로 태국과 필리핀에 있는 피난민 캠프를 거쳐 뉴질랜드에 오게 되었다고 대답했을 것이다. 또한 내게 낯선 장소에서 이방인으로 살아가는 어려움이 무엇인지, 영문도 없이 아버지를 잃은 것이 얼마나 큰 아픔인지 말해 주었을 것이다. 그러나 난 10년이 지난 후에야 그 소녀에게 그런 질문을 할 수 있었다.

Chapter 3 캄보디아
단기선교

존과 애나와 함께 자라다 보니 대학을 잠시 쉬고 6개월 정도 프놈펜에 가 봐야겠다는 생각이 들었다. 그 당시 나는 여행하고 싶다는 생각으로 온몸이 근질거렸다. 열일곱 살 때 스페인에서 마약중독 전력이 있는 바스크 분리주의자(스페인으로부터 완전한 독립을 주장하는 바스크 민족주의자들 - 역주)와 1년을 같이 산 경험이 있었기 때문에 모험에 재미가 들려 있었다. 게다가 스무 살에 극적으로 그리스도인이 된 나는 세상으로 더욱 나아가고 싶은 열망에 불타올랐다. 그때까지 안락한 상황에서 예수님을 경험했기에, 정말로 내 영적 필요를 채울 수 있는 예수님이 필요했다. 그리고 캄보디아에서 나는 그분을 새롭게 만났다.

나는 프놈펜의 중산층 지역에서 6개월을 살았다. 그러나 프놈펜에 가득한 빈민가를 보면서 마음에 불이 붙었다. 작은 초가집에 사는 친구들을 방문하면서 시간을 보냈다. 그들은 그 지역 불교 사원 땅에 임시 거처를 짓고 사는 형편이었지만, 고등교육을 받으려는 갈망이 있었다.

소몬(Somon)은 프놈펜 대학 학생이었다. 나는 그곳에서 영어를 가르쳤다. 시골 출신인 소몬의 가족은 그가 교육을 받을 수만 있다면 무엇이든 가리지 않고 일했다. 그들은 고추와 마리화나를 재배했다. 눈물 어린 큰 눈의 소유자인 소몬은 슬프고도 친절해 보였다. 항상 너덜너덜한 셔츠와 빛바랜 갈색 바지를 입고 있었다.

소몬은 겨우 수업료를 낼 정도로 몹시 가난해서, 먹을 것과 머물 곳을 마련할 수 없었다. 그는 불교 승려들의 도움을 받아 근근이 살았다. 승려들이 사원 마당에 작은 판잣집을 짓도록 허락해 주고, 먹을 음식을 나누어 주었다.

우리는 친한 친구가 되었다. 어느 주말, 그는 나를 초대해 시골에 사는 가족을 만날 수 있게 해주었다. 길을 걸으며 우리는 온갖 이야기를 했다. 그러다가 예수 그리스도의 복음을 나누게 되었다. 소몬은 내가 전하는 말씀을 주의 깊게 들었다. 그러다가 슬픈 미소를 지으며 바라보더니 내게 질문했다. "크레이그, 난 정말 가난해. 예수님이 날 위해 무엇을 해줄 수 있니?" 그 후 나는 캄보디아 사람들에게 이런 질문을 여러 번 들었다.

그 당시 나는 소몬이 이야기를 제대로 알아듣지 못하고 엉뚱한 질문을 한다고 생각했다. 그의 가난과 하나님이 주시는 영생은 상관관계가 없다고 생각했다. 나는 이원론적 세계관에 근거해 육체와 영혼, 과학과 신앙, 자연과 초자연을 분리했다. "음, 소몬. 내 얘기를 잘 이해하지 못한 것 같은데…. 하나님은 네가 죽게 되었을 때 천국에 갈 기회를 주셔. 그건 부자와 가난한 자에게 모두 주어지는 거야." 소몬은 이마를 찡그리며 내 대답에 불만을 표시했다. 슬픈 얼굴로 머리를 흔들며 자신의 처지를 강조했다. "난 너무 가난해. 너무 가난하단 말이야."

그날 나는 침대에 누워 밤이 늦도록 뒤척이면서 그의 대답을 숙고했다. 나는 진정 복음이 영생과 관련이 있다는 사실을 알았다. 그러나 내가 믿는 하나님은 우리가 죽은 다음에 우리를 구원하는 일에만 관심을 기울이신단 말인가? 나는 소몬에게 어떤 신앙을 제공했던 것인가? 그는 분명히 추상적인 신학에는 관심이 없었다. 자신이 사는 물리적 세계와 동떨어진 신학에 전혀 관심이 없었던 것이다.

이러한 만남들을 통해 나는 하나님 나라의 본질과 예수님을 더 깊이 생각하게 되었다. 예수님의 말씀과 삶을 새롭게 묵상하기 시작했다. 머리 둘 곳이 없으셨던, 제자들과 먼지 날리는 길을 걸어 다니며 병자들을 고치셨던, 가난한 자에게 복음을 전하러 왔다고 선포하고 "가난한 자가 복이 있도다"라고 약속하셨던 예수님을 묵상하기 시작했다. 예수님이라면 소몬에게 뭐라고 말씀하셨을까?

나는 여러 선교사가 캄보디아의 가난을 어떻게 해결하는지 주의 깊게 살펴보았다. 내가 소몬에게 했던 대답처럼 많은 선교사가 가난을 무시했다. 그들은 영원한 심판에서 구원받는 복음을 선포하는 일만 하고, 가난한 자들을 먹이고 돌보는 문제는 일반 단체에 위임했다. 복음을 선포하는 일과 복음을 나타내는 일을 나누었다. 또 다른 사람들은 여러 가지 방법으로 복음 선포와 사람들의 실질적 필요를 채우는 일에 조화를 이루려고 노력했다. 이런 선교사 중에는 복음을 들을 사람들을 모으기 위해 굶주린 자에게 먹을 것을 주는 사람도 있었다. 즉, 얻어먹기 위해 그리스도인이 되는 사람을 양산했다. 또 다른 사람들은 예수님에 대해 한마디도 하지 않고 사회사업을 해야 한다고 주장했다. 그래야 개종시킨다는 비난을 받지 않는다는 것이다.

내가 보기에, 어떤 것도 썩 만족스럽지 못했다. 나는 복음 선포와 복음을 나타내는 일이 병행하는 통합된 영성을 찾았다. 복음서에서 새롭게 발견한 예수님은 사람들과 더불어 살면서, 병자들을 고치고 굶주린 자들을 먹이고 정의와 성결을 선포하셨다.

우리 집에 소몬을 초청했을 때 나는 더욱 좌절했다. 서양인의 기준에서 볼 때 내가 머무는 곳은 아주 평범했다. 하지만 그는 매우 놀라워하며 방 안에 있는 모든 물건의 가격을 물어보았다. 그 순간, 내 생활 방식이 내가 캄보디아어로 더듬거리며 전하는 말보다 훨씬 더 많은 메시지를 전달한다는 사실을 깨달았다. 소몬이 내가 말하는 것에는 전혀 관심이 없고 내 소유에 마음을 빼앗기는 것을 보면서, 나의 세계관, 선교 자세와 복음에 대해 다시 한 번 진지하게 생각해 보았다. 마하트마 간디의 비평은 이 상황에 적절한 말이었다. "나는 친구 선교사들에게 이렇게 말했다. '당신들은 고상하지만 당신들이 섬기려 하는 사람들과 고립되어 있소'라고."¹

프놈펜에서의 생활이 끝나 갈 무렵 여전히 많은 의문이 남아 있었다. 그러나 하나님이 원하시는 것은, 내가 이 땅에 돌아와서 이들 가운데 오랫동안 더 단순하게 사는 것이라고 확신했다. 캄보디아에서 가난하다는 것이 어떤 건지 배우고, 아시아 빈민가에서 복음을 전하는 것이 무엇을 의미하는지 배우기 원하신다는 확신이 생겼다. 또 내가 그들 곁에서 기쁨과 고통을 함께 나누기 원하신다고 믿었다. 그리고 나는 하나님이 도시 빈민가에서 무엇을 행하고 말씀하는지 보여 주시기를 원했다.

난 새로운 비전과 목적의식을 품고 뉴질랜드로 돌아왔다. 프놈펜에서 6개월을 보내고서 가난한 자들을 향한 하나님의 마음을 깨달았다.

이 경험은 약간의 순수함과 더불어 젊음의 이상주의에 불을 붙였다. 대학을 졸업하기 몇 달 전, 나는 캄보디아로 돌아가서 선교를 시작할 날이 얼마 남지 않았다고 생각했다. 네이와 사랑에 빠질 줄은 꿈에도 모른 채.

❧

이제 와서 보면 그것은 하나님이 예비하신 일이었다. 평온한 어느 날 밤, 나는 작은 침례교회의 초대를 받아 캄보디아에서 겪은 일을 간증했다. 그날 네이도 함께 초대받았다. 네이의 첫인상은(십대 시절 만남을 고려하지 않는다면) 아주 멋졌다. 강단으로 걸어 나오는 모습이 몸집은 작지만 기운 넘치는 중국 소녀 같았다. 네이는 발끝을 들어야 강단 너머를 겨우 볼 수 있었다. 캄보디아를 탈출한 과정, 피난민으로서의 삶, 자신의 가정을 뉴질랜드로 초청한 교회에서 양육받은 일을 수줍게 이야기할 때 나는 입을 다물 수가 없었다. 네이는 캄보디아로 돌아갈 것이라고 자신 있게 말했다. 어릴 시절부터 그런 사명을 가슴에 품고 자랐다고 고백했다. 네이가 깨지고 찢어진 조국으로 돌아가서 그 백성을 섬기겠다는 강력한 열망을 이야기할 때, 나는 이 귀여운 소녀가 언젠가 내 아내가 될 거라고 확신했다.

다행히 네이에게 달려가 내 마음을 밝히는 것을 가까스로 억제할 수 있었다. 그 대신 점잖게 행동하기로 마음먹었다. 난 지나가는 말로 네이에게 나와 동행한 금발의 여자는 그냥 친구임을 넌지시 알려 주었다. 그리고 즉시 말을 붙였다. "저, 몇몇 캄보디아 사람들과 성경을 공부하고 있는데, 혹시 와 볼래요? 내가 가르치고 있거든요." "아, 그런 모임이 있어요? 한번 가 볼게요."

집으로 돌아가 흥분하며 여동생에게 말했다. "드디어 아내가 될 여자를 만났어! 너도 한번 만나 봐!" "뭐?" 여동생은 내가 미쳤다는 듯, 피식 웃었다.

몇 주가 지나고 여러 번 성경공부를 하고 나서, 용기를 내어 네이후이(Nayhouy)에게 데이트를 신청할 때가 되었다고 생각했다. 그런데 한 가지 문제가 있었다. 나는 네이의 이름을 정확히 발음하지 못했다. 요즘엔 그냥 네이라고 부르지만, 그 당시 아내는 네이후이라는 본명을 사용하고 있었다. 이름조차 제대로 발음하지 못하다니. 새삼스럽게 이름 발음하는 법을 물어볼 수도 없는 노릇이었다. 하지만 난 네이를 불러내기로 하고 전화를 걸었다. 한 방을 쓰는 친구가 전화를 받았.

"저… 안녕하세요? 네이…." 나는 기침하는 척하며 "… 있나요?"라고 물어보았다.

"네이후이요?"

"네!" 안도의 한숨이 나왔다.

"잠깐만요. 밖에 나가서 데려올게요."

우리는 전화 통화를 하고, 마침내 며칠 후 바깥에서 첫 번째 데이트를 했다. 저녁을 먹고 산에 올라가 별을 바라보며 오랫동안 이야기를 나눴다. 나는 네이에게 이름을 발음해 달라고 부탁하기까지 했다.

그러다가 네이가 자기 입술에 손가락을 대고 익살맞은 내 농담을 가로막았다. "쉿, 들어 보세요." 뒤에 있는 나무들 사이로 아름다운 노랫소리가 들려왔다. 하나님을 찬양하는 소리였다.

"교회 성가대가 부르는 아카펠라 같은데요." 내가 작은 목소리로 말했다. 그 순간, 우리는 서로 사랑의 감정을 느꼈다.

지금도 난 하나님이 그날 밤 어떻게 산에 올라가 노래하는 인간 천사들을 보내 주셨는지 모르겠다(우리가 생각하기에 태평양 아일랜드 교회 성가대가 아닌가 싶다). 어쨌든 감사하게도 네이와 나는 6개월 만에 결혼했다. 그 후 네이는 자신의 이야기를 털어놓았다.

Chapter 4 **크메르루주 학살에서
살아남은 아내**

네이와 난 1973년 12월 같은 주에 태어났다. 둘 다 애타게 기다리던 첫 번째 아이였다. 그러나 같은 점은 그뿐이다. 크메르루주가 프놈펜에 들어와 내전을 끝내고 악몽 같은 통치를 막 시작했을 때 네이는 두 살도 채 되지 않았다고 한다(1975년 4월 17일 크메르루주가 프놈펜을 점령했다가, 1979년 초 베트남군에게 다시 프놈펜을 빼앗겼다 - 역주). 불가사의한 폴 포트(Pol Pot)라는 인물이 이끈 이 캄보디아 공산주의자들은 농업 중심의 유토피아를 건설하려 했다. 그들은 돈, 교육, 종교 또는 근대성을 나타내는 어떤 상징도 없는 순수한 농민 사회를 건설하려는 꿈을 품고 있었다.

수도가 함락되고 몇 주 만에 모든 도시에 대피 명령이 내려졌고, 크메르루주군은 강제로 모든 사람을 들로 나가 일하게 했다. 결국, 캄보디아 인구 3분의 1이 화를 당하고 말았다. 크메르루주 학살은 200만 명이 죽는 인류 역사상 최악의 재앙이었다.

크메르루주 군인들이 고향 마을에 처들어온 그날 아침, 네이는 집 밖에서 행복하게 놀고 있었다. 소란은 안중에도 없던 네이처럼 어머니도 곧 내전이 끝나서 평화가 오고 남편도 돌아올 것이라고 낙관하고 있었다. 네이는 어머니가 늙었다고 생각했지만, 실제 어머니의 나이는 스물여섯으로 과부가 되기에는 너무 젊었다.

아버지가 운영하던 국수 가게에서 때 묻은 검은 제복을 입은 어린 군인들을 바라볼 때, 네이의 어머니는 안전한 쪽으로 네이를 부드럽게 끌어당겼다. 어머니의 불룩한 배에 얼굴을 파묻자 불길한 일을 알리듯 배 안의 아기가 발을 찼다.

몇 주 지나지 않아 불길한 조짐이 보였다. 어머니는 일하고 네이는 안에서 놀고 있었다. 스피커에서 큰 소리가 나더니 군인들이 줄지어 오는 것이 보였다. 트럭 세 대가 덜거덕거리며 서서히 오는데 그 안에는 서 있는 사람들로 가득했다. 크메르루주 군인이 떼를 지어 모여들고, 장교들은 마을 사람들에게 앞으로 나오라고 소리쳤다. "동무들, 조국 재건을 위해 고등교육을 받은 사람과 관리자로 일한 경험이 있는 사람이 필요하오."

네이가 이 소란를 보러 바깥으로 뛰어나가려 하자 할머니가 어깨를 꽉 붙들며 속삭였다. "여기 있으려무나, 아가. 바깥에 나가면 안 돼."

할머니의 손에서 힘이 빠지자 네이는 어깨를 문지르며 트럭들이 천천히 지나가는 모습을 지켜보았다. 트럭은 광장이나 시청이 아니라, 도시 바깥 숲으로 사라졌다. 그 후 다시는 거리에서 지나다니는 사람들을 볼 수 없었다.

어머니가 네이에게 말했다. "절대, 아무에게도 아버지 이야기를 해서는 안 돼. 알았지?" 네이는 어머니의 경고를 가슴에 새겼다. 네이는 부모님 외에 할머니와 다른 친척들과 함께 작은 나무집에 살았다. 아버지는 정부군으로, 프놈펜을 탈환하려는 크메르루주 공산주의자들에 맞서 벌써 여러 해 동안 싸우고 있었다. 가족이 아버지를 마지막으로 본 것은 6개월 전이었다. 어느 날 오후, 어머니는 집에 있던 아버지와 관련한 흔적을 여러 차례에 걸쳐 없앴다. 어머니가 아버지의 사진을 찢어 없앨 때 네이는 나지막한 소리로 흐느꼈다. 하지만 사진이 발견되면 큰 문제가 생긴다는 사실을 너무나 잘 알고 있었다.

어머니가 아버지의 마지막 사진을 붙잡고 망설이면서 과거의 추억을 되새기자, 결국 네이는 어머니의 무릎에 쓰러졌다. 어머니는 얼이 빠진 채 추억에 잠겨 말했다. "너도 알다시피 아버지는 우리를 구하려고 애쓰셨단다. 아버지는 가족의 살 길을 마련하려고 다른 나라로 탈출을 시도했지. 하지만 그들은 비행기에 너와 나, 네 아버지 자리만 제공했단다. 다른 사람은 함께 갈 수가 없었어." 어머니는 머리를 흔들며 중얼거렸다. "나는 네 아버지가 다른 가족을 두고 가지 않을 거란 걸 알았지."

새로운 정부는 사람들에게 도시를 떠나 그들이 일하게 될 밭 옆에 판잣집을 짓고 살라는 명령을 내렸다. 네이는 이 허름한 판잣집에서 3년을 살게 되리라고는 전혀 예상하지 못했다.

며칠이 가고, 몇 달이 지났지만 아버지는 돌아오지 않았다. 네이는 기회가 되는 대로 몰래 도시로 들어가는 길을 살펴보았다. 하지만 아버지의 흔적은 찾을 수 없었다. 아버지는 시체를 찾을 수 없었던 수많은 크메르루주 희생자 가운데 한 사람이었다. 어느 토요일 밤 늦은 시각, 임시로 만든 허름한 판잣집에서 아들이 태어나리라고 아버지는 생각조차 못 했을 것이다. 어머니는 절규와 신음이 새어 나가지 않도록 이불을 덮어 썼다. 다행히 금방 아이를 낳았다. 네이는 두려움과 흥분을 느끼며 한 생명이 세상에 나오는 기적을 지켜보았다. 아기가 첫 숨을 내쉬고서 얼마 지나지 않아 나이 든 조산사가 도착했다.

두 아이를 돌봐야 하는 데다 도와줄 남편은 없고 음식마저 귀했다. 먹을 거라곤 멀건 쌀죽뿐이었던 어느 오후, 네이와 어린 남동생은 한낮의 열기가 가득한 판잣집 바닥에 누워 혼수상태에 빠져 있었다. 눈은 퀭하고 영양실조로 피부는 말라 축 처져 있었다. 어머니는 무릎을 꿇고 눈물을 흘리면서 아이들을 위해 작은 소리로 기도했다. 그러더니 죽기를 기다리는 것처럼 판잣집 바닥에 얼굴을 대고 누웠다. 어머니는 바닥 틈 사이로 집 아래 흐르는 더러운 갈색 물줄기를 바라보았다. 홍수가 나면서부터 흐르기 시작한 개울이었다. 네이는 너무 기진맥진해서 어머니를 위로해 줄 수가 없었다.

그때 갑자기 어머니 얼굴에 화색이 돌았다. 어머니는 흥분한 채 일어나 숙모에게 소리쳤다. "야리, 막대기를 가져와요! 빨리!"

"왜 그래요? 무슨 일이예요?" 네이도 어지러움 때문에 가누기 힘든 몸을 가까스로 일으켰다. 개이이 무엇이든 잡아먹는 것을 엄격하게 금지했지만, 네이의 어머니와 숙모는 판잣집 아래로 흐르는 작은 개울에서 헤엄치는 물고기를 물을 튀기며 세게 내리쳤다. 네이는 억지로 웃음을 참으면서 그 장면을 지켜보았다. 두 여자는 물고기를 계속 잡으면서 밝게 미소 지었다. 그날 밤 가족이 모두 잔치를 벌였다. 가족은 자녀의 생명을 건져 주신 하나님께 감사했다.

아무런 소망 없이 모진 고생을 하며 몇 달이 지났다. 네이는 어머니가 아이를 낳자마자 밭으로 일하러 가야 하는 현실에 슬픔을 느꼈다.

그리고 네 살밖에 되지 않은 자신이 어린 남동생을 돌봐야 한다는 데 화가 났다. 그런 책임을 떠맡기에 네이는 너무 어렸다. 어머니가 밭에서 돌아올 때쯤이면 네이가 이미 여러 번, 개울물에 빠진 동생을 끌어 올린 후였다.

매일 밤 네이는 어머니의 피곤을 덜어 드리려고 물집 잡힌 발을 주물렀다. 어느 날 어머니는 밭에 나가 일해 본 적이 없다고 털어놓았다. "네 조부모님은 도시 사람으로, 성공한 중국 국수 상인이었단다. 우리는 쌀농사를 지어 본 적이 없어. 하지만 다른 사람에게 절대 이런 이야기를 해선 안 돼. 약속할 수 있지? 크메르루주는 모든 사람이 농민이 되어야 한다고 하잖아. 많이 배운 사람이나 도시 사람이 어떻게 되었는지 알지? 그러니까 우리는 농민 행세를 해야 한단다." 네이는 아버지에 대해선 감히 물어보지도 못했다. 아버지 얼굴을 그려 보려고 노력할 뿐이었다. 아버지 생각에 네이의 마음은 찢어질 듯 아팠다.

어느 날 지나가던 군인이 어머니의 서툰 괭이질을 보고 멈춰 섰다. 그는 능글능글 웃으며 무기 끝으로 어머니를 난폭하게 찔렀다.

"동무, 손 좀 봅시다."

어머니가 마지못해 손바닥을 뒤집어 보이자 네이는 가슴이 서늘해졌다. 물집이 생기고 때가 묻었지만, 분명히 육체노동을 하지 않은 부드러운 손이었다.

군인은 눈을 실처럼 가늘게 뜨더니 호통을 쳤다. "동무, 동무가 정말 농민 출신이라면 오늘 내로 이 밭에 감자를 다 심을 수 있을 거요. 혼자 하시오!" 그는 손으로 근처 빈 밭을 가리켰다.

어머니는 머리를 돌려 밭을 바라보고는 눈을 내리깔고 낮은 목소리로 대답했다. "예, 그러지요." 군인은 야자나무 그늘 아래서 빈둥거리며 낄낄대는 다른 군인 두 명에게로 느릿느릿 걸어갔다.

어머니는 대나무 괭이를 머리 위로 높이 들었다가 힘겹게 내리치면서 햇빛으로 달구어진 흙에 구멍을 냈다. 그리고 그곳에 작은 감자 씨를 심었다. 여러 시간 허리를 숙이고 땀을 흘리며 열심히 일했다. 가끔 네이와 네이의 동생이 너무 멀리 가지 않는지 고개를 들어 확인할 뿐이었다. 마침내, 오후 늦게 마지막 감자 씨를 심었다. 어머니는 온몸이 쑤시고 피곤했다. 다행히 그 사이 군인들의 감정이 누그러져서 집으로 돌아갈 수 있었다.

하지만 다음 날 그 군인들은 더 큰 밭을 가리켰다. 어머니의 손은 전날 너무 힘들게 일해서 물집이 많이 생겼지만 선택의 여지가 없었다. 또다시 네이는 한 눈으로 어린 동생을, 다른 눈으로는 뼈 빠지게 일하는 어머니를 지켜봐야 했다. 어머니는 등에서 느껴지는 아픔과 땀으로 흥건한 손을 애써 잊으려고 노력했다. 해질 무렵에야 밭일을 마칠 수 있었다. 네이는 엉덩이에 어린 동생을 걸치고, 어머니는 피 묻은 괭이를 땅에 끌며 지친 몸을 이끌고 겨우 집으로 돌아왔다.

셋째 날, 군인들의 얼굴에는 웃음이 사라졌다. 그들은 심술궂게 훨씬 더 큰 땅, 첫날 감자 씨를 심은 밭의 두 배나 되는 땅을 가리켰다. 어머니는 아파서 주춤거리며 조심스럽게 괭이를 잡았다. '오늘도 어머니가 괭이질을 하면 겨우 아문 상처가 다시 도질 텐데.' 네이는 마음이 너무 아파 어찌할 줄 몰랐다. 어머니의 손은 곧 흘러내리는 피로 흥건해졌다. 그날도 온종일 어머니는 고된 일에 시달렸다. 온몸이 열로 펄펄 끓었다. 밤늦게야 네이는 어머니가 거적 위에 쓰러져 자는 모습을 볼 수 있었다.

다음 날 아침 군인들은 흥미를 잃었는지 별다른 지시를 하지 않았다. 어머니는 절뚝거리면서 다른 밭에서 일하는 사람들 속으로 걸어갔다. 네이는 전날 기도했던 미지의 하나님에게 조용히 감사를 드렸다.

1979년 10월, 네이의 가족은 야만적인 통치와 극악무도한 군인들에게서 탈출하고 싶은 마음이 간절했다. 네이는 수많은 이웃과 친척이 기아와 구타와 과로로 쓰러지는 모습을 보았다. 어느 날 밤, 어머니는 네이에게 조그만 목소리로 두려운 마음을 토로했다. "네이, 언제까지 이런 생활을 지속할 수 있을까? 사랑하는 딸이 이런 일을 겪게 하고 싶지는 않은데…. 엄마도 많이 지치고 힘들고 두렵구나." 다섯 살밖에 안 된 네이도 곧 어린이 노동대에 소집되어 어른들 옆에 있는 밭에서 온종일 일을 해야 할 처지였다. '나도 손에 피가 나도록 감자를 심어야 하는 건 아닐까?' 네이는 조용히 흐느껴 울다가 잠이 들었다.

베트남 군인들이 남부 지역에서 크메르루주 군인들을 물리치며 가까이 다가오고 있다는 소문이 돌았다. 하지만 네이의 가족은 더 싸울 마음이 생기지 않았고, 시련이 곧 끝날 거라는 희망도 별로 없었다. 어느 날 한 트럭 운전사가 그들에게 은밀하게 속삭였다. "돈만 두둑이 준다면 내가 태국 국경까지 데려다 주리다." 거기에서 정글을 거쳐 피난민촌까지 가는 데는 많은 시간이 걸릴 것이다. 그 이후 네이의 가족은 저녁마다 모여서 탈출 계획을 조용히 의논했다.

어느 날 밤 젊은 조카가 도시 바깥에서 지친 몸을 이끌고 도착했다. 그는 판잣집 그림자에 몸을 숨겨 네이의 집으로 왔다.

"친척들이 여러분을 데려오라고 했어요." 그는 숨을 죽이고 속삭였다. "제가 피난민촌까지 안내할게요. 하지만 우리는 정글을 지나야 해요.

그리고 거긴…지뢰가 있을지도 몰라요." 그는 바닥을 내려다보며 작아진 목소리로 중얼거렸다. 네이는 그가 탈출을 성공할 것이라고 확신하지 못한다는 사실을 알았다.

며칠 뒤, 한낮의 찌는 더위 속에 어머니는 두 팔로 네이를 끌어안고는 등을 쓰다듬으며 나지막한 목소리로 다독거렸다. 아주머니가 어린 동생을 업고, 다른 가족 두세 명은 얼마 되지 않는 소유물이 담긴 가방을 어깨에 멨다. 눈물을 흘리는 것조차 사치였지만, 네이는 함께 가지 못하는 사람들에게 작별 인사를 하며 조용히 울었다. '이 사람들을 다시는 보지 못할 거라고 생각하지 말자.' 네이는 어머니가 조심스럽게 감추어 두었던 금과 보석류를 치맛단에 넣는 것을 보았다. 그리고 무리는 서둘러서 약속 장소로 갔다.

몇 시간이 지나도록 트럭은 나타나지 않았다. '설마 판잣집으로 되돌아가야 하는 건 아니겠지?' 그때 저 멀리서 자동차가 덜거덕거리며 오는 소리가 들렸다. 마침내 비료를 가득 실은 낡은 트럭이 그들 앞에 멈췄고, 신경이 곤두선 무리가 트럭에 올라탔다. 어머니가 금값을 협상하고서 트럭은 출발했다.

얼마 가지 않아 운전사는 네이 어머니의 얼굴에 뼈마디가 굵은 손가락을 들이대면서 말했다. "당신은 내 마누라요." 그의 입에서 냄새가 진동했다. 그는 네이를 돌아보면서 썩은 누런 이를 드러내며 말했다. "너는 내 딸이다." 네이는 이 낯선 아저씨가 새 아버지가 되는 줄 알고 무서워서 울기 시작했다. "그게 아니라 베트남 군인들이 차를 세워 조사할 때 그렇게 말하란 말이야." 그가 달래며 말했다.

운전사가 예고한 대로 길을 나선 지 얼마 되지 않아 검문소에서 조사를 받았다. 운전사는 존경의 표시로 더럽고 낡은 야구 모자를 벗으면서, 때 묻은 손가락으로 비료를 가리켰다. "저건 비료입니다." 숨을 헐떡이는 소리와 기침하는 소리가 들렸다.

베트남 군인은 열린 창문으로 차 안을 서서히 둘러보았다. 트럭 안에 있는 사람들은 모두 숨을 죽인 채 긴장했다. 네이는 어머니의 손을 꼭 잡고 길 앞을 똑바로 내다보았다.

군인이 권총으로 트럭에 탄 다른 사람들을 가리키면서 베트남 억양이 담긴 크메르어로 소리쳤다. "이 사람은 누구요?"

"제 아내고요, 제 아이들이고요, 제 여동생이고요…." 운전사는 한 사람 한 사람 가리키면서 초조하게 말했다. 네이는 운전사의 팔 아래 덧댄 헝겊 조각만 뚫어져라 쳐다봤다. 혹여나 새까매진 볼을 타고 눈물 한 방울이라도 흘러내릴까 봐 가까스로 눈물을 삼켰.

그 군인은 동료들에게 돌아가서 빠른 베트남어로 말했다. 그들은 실실 웃었다. 그러고서 그는 다시 돌아와 총을 빼더니 서서히 운전사의 얼굴을 겨누었다. 그는 오랫동안 운전사를 빤히 쳐다보았다. 그러더니 권총을 집어넣고 먼지를 뽀얗게 뒤집어쓴 트럭을 손바닥으로 탕 치며 말했다. "자, 가시오. 당장!" 운전사가 가속페달을 밟자 트럭이 앞으로 돌진했다. 뒤로는 붉은 먼지와 트럭이 내뿜는 연기가 자욱했다.

어느덧 해가 지고 있었다. 덜거덕거리는 트럭을 오래 타다 보니 사람들은 몹시 피곤했다. 마침내 비료를 실은 트럭이 멈춰 섰다. 운전사가 퉁명스럽게 말했다. "자, 내려요. 여기까지가 내가 갈 수 있는 곳이오." 그는 아래턱으로 먼 산맥 쪽을 가리키며 말했다. "이리로 쭉 가면 태국이 나온다오." 그리고 창문으로 얼굴을 내밀어 큰 목소리로 소리쳤다.

"지뢰를 조심해요!"

  네이와 남동생은 피곤하고 예민해졌다. 어머니는 그늘진 장소를 찾은 다음에 가방에서 쌀을 꺼내 조금씩 나누어 주었다. 잠시 쉬고 나서 다시 일어나 산을 향해 숲을 헤쳐 나아갔다.

  그날 온종일, 밤이 새도록 터벅터벅 걸었다. 휴식을 취하기 위해 이따금 멈추는 때를 제외하고는 계속 전진했다. 너무 오랜 시간을 지체할까 봐 제대로 쉬지도 못하고 일어서야 했다. 때때로 바로 앞이나 막 지나온 길 뒤에서 지뢰가 터져 어두운 밤을 환하게 밝히기도 했다. 발걸음 하나하나가 죽음을 건 도박이었다. 시체를 수없이 지나쳤다. 최근에 죽은 시신도 있고, 앙상한 해골도 있었다. 가방이나 물을 담아 먹는 깡통을 붙잡은 채로 뼈만 남은 손가락도 봤다. 어머니는 네이가 끔찍한 장면을 보지 못하도록 손으로 네이의 눈을 가렸다. 네이는 마음을 단단히 먹으며 시체들을 보지 않으려고 고개를 돌렸다.

  마침내 도달한 가파른 산길에는 강물이 허리에 찰 만큼 범람해 있었다. 어른들은 아이들이 물에 닿지 않도록 어깨 위에 앉힌 채 물에 잠긴 땅을 터벅터벅 걸어갔다. 진흙 빛의 급류를 타고 몇 시간을 가니까 낮은 자세로 기어야만 하는 장소가 나타났다. 마침내 강둑에 올라선 그들은 헐떡거리며 숨을 골랐다. 그런데 갑자기 머리 위에서 두런두런하는 소리가 들려왔다. 어머니는 올라가서 무슨 일이 있는지 알아보라고 조카에게 몸짓으로 신호했다.

"크메르 자유군이에요." 조카가 돌아와서 속삭였다. "사람들에게서 돈과 보석을 빼앗고 있어요."

네이의 어머니는 한숨을 내쉬며 말했다. "크메르루주야? 태국군이야? 베트남 군인이야?"

"크메르 말을 해요. 그런데 크메르루주 군복을 입지 않았어요."

네이의 어머니는 체념하고 얼굴을 찌푸렸다. "계속 가야 돼. 돌아가면 결국 죽는 수밖에 없어. 자유를 찾아가자." 어머니는 네이를 엉덩이에 걸쳐 업고 길을 나섰다. 그러자 다른 사람들도 서둘러 따라나섰다.

바스락거리는 소리가 나더니 어디선가 고함치는 소리가 들려왔다. "멈춰!" 네이와 일행은 가던 길을 멈추고 그대로 섰다. 여러 개의 총이 그들을 둘러싸고 있었다. 군인들이 음탕하게 웃으며 흠뻑 젖은 여인들을 아래위로 훑어보았다. 네이는 두려워서 어머니를 꽉 붙잡았다.

"제발…." 네이의 어머니는 울기 시작했다. 울음을 그치고 눈을 떴을 땐 이미 군인들이 다 지나가고 없었다. 또 한 번의 기적이 일어난 것이다. 네이의 어머니는 정신을 차리고 일행에게 서두르라고 몸짓을 했다.

그들의 사정거리에서 벗어나기 위해 수백 미터 길을 한마디도 하지 않고 초조하게 달려갔다. 그렇게 달리다 보니 점차 나무들이 적어지고, 천막들로 이루어진 거대한 도시가 나타났다. 파란 방수 외투가 보이고 사방에서 사람들이 움직이고 있었다. 이야기를 나누고 바깥에 불을 지펴 놓고 요리를 하면서 웃는 모습이 보였다. 수많은 사람이 들끓는 거대한 피난민촌의 일상, 그것이었다.

네이는 처음 접하는 광경에 혼란스러웠다. 어머니는 안도의 한숨을 내쉬며 조심스럽게 속삭였다.

"이젠 안전해!"

그러자 두 시누이는 서로 껴안고 울고 웃으면서 둥글게 원을 만들어 춤을 추었다. 처음에 네이는 사람들이 웃는 모습에 놀랐지만 곧 함께 웃으면서 모든 사람이 행복해하는 모습을 보고 기뻐했다. 어머니는 네이를 껴안고 딸의 뺨에 얼굴을 비비면서 진한 애정을 표시했다.

"하나님, 감사합니다. 하나님, 감사합니다…."

Chapter 5 뉴질랜드 오클랜드 빈민가 훈련

사람들은 모두 결혼하자마자 캄보디아에 가지 말라고 충고했다. 여기저기서 조언이 들려왔다. "극적인 일을 하기 전에 먼저 좋은 일자리를 구해서 어느 정도 돈을 벌고, 안정을 찾고, 부부가 함께 사는 법을 배우는 게 어때?"

그래서 우리는 차선책으로 캄보디아 친구들이 많이 사는 오클랜드 남쪽의 빈민가로 들어갔다. 우리는 두 문화 사이에 끼어 있는 젊은 캄보디아인들에게 복음을 전하기를 열망했다. 그들은 외양은 캄보디아인이었지만, 뉴질랜드의 갱단원이나 미국 빈민가의 랩 가수처럼 입고 행동했다. 그리고 마오리 족이나 태평양 섬에 사는 뉴질랜드인처럼 말했다. 네이는 그들의 처지를 잘 알고 있었다. 얼마 지나지 않아 우리는 이 문제 청소년들을 위한 모임을 시작했다.

나는 언어를 배웠다. 크메르어가 아니라 몇 가지 캄보디아 단어가 뒤섞인 속어였다. 네이는 우리가 타는 작은 고물차에 덩치 큰 아이 열 명을 밀어 넣고 말을 배웠다. (그것은 캄보디아에 가서 스쿠터에 많은 사람을

45

태우고 다니는 연습을 할 좋은 기회였다.) 우리는, 실수로 임신하고 집과 학교와 쇼핑몰에서 쫓겨나는 아이들을 인내하며 대하는 방법을 배웠다. 그들은 내게 뉴질랜드에서 아시아 사람으로 사는 것이 어떤 것인지 가르쳐 주었고, 나는 그들에게 예수님을 알려 주었다.

사실 나는 전혀 다른 두 가지 삶을 살고 있었다. 저녁에는 성경학교에서 신학 학위 과정을 이수하고, 주말에는 캄보디아 친구와 청소년 집단과 시간을 보냈다. 하지만 낮에는 양복에 넥타이를 매고 시내로 나가 국제 소프트웨어 회사의 마케팅 간부로 일했다. 그 당시 기술 붐이 일면서 회사는 성장하고 있었다. 캄보디아 사람들에게 마음을 쏟지 않았더라면, 대학에서 경영학을 전공한 나로서는 직장에서 성공하기 딱 좋을 때였다. 회사의 명을 받아 전 세계를 다니며 5성급 호텔에서 회의를 열고 고객에게 최고의 식사를 대접했다. 그렇게 3년이 흘렀다.

어느 날 밤, 콜로라도 주 비버크릭의 스키장에 있는 고급 레스토랑에서 화려한 파티를 벌이며 난 최고의 고객이라도 되는 양 환상에 빠져 파티장 주위를 돌아보았다. 무지막지하지만 탁월한 사업가인 한 최고경영자가 거나하게 취해서는 날 불렀다. 그는 내 어깨에 팔을 올려놓으며 말했다. "크렉가소러스!" (그는 내가 마음에 들 때 날 그렇게 불렀다.) "크렉가소러스, 정말 대단한 장소야! 그렇지 않나?" 난 고개를 끄덕이며 맞장구쳤다. 정말 대단했다. 믿다 못해 터무니없다고 느껴지기까지 했다. 그때 내 삶은 뭔가 이상했다. 부자, 힘 있는 자들과 어울려 지내면서 가난하고 소외된 자들과 더불어 살고 있었으니 말이다.

일을 마친 어느 날 저녁, 턱수염을 기른 선교 전략가이자 아시아도시빈민선교회(이하 도시빈민선교회)의 창립자인 비브 그릭(Viv Grigg)이

가르치는 도시 선교 과목을 듣고 있을 때였다. 나는 회사 일을 잊고 강의에 집중하려고 노력했다. 비브는 조용하면서도 호소력 있는 특유의 목소리로 대규모 인구 이동, 즉 도시화 현상을 이야기했다. 나는 출장으로 방문한 도시들을 떠올렸다. 사실 최신 유행하는 레스토랑과 5성급 호텔 뒤에 가려진 도시의 초라한 측면은 보지 못했다. 비브는 지난 세기 전 세계에서 엄청난 사람이 농촌을 떠나 도시로 이주해 온 과정을 설명했다. 소몬과 프놈펜 빈민가에서 만난 사람들이 떠올랐다. 비브는 인류 역사상 처음으로 세계 인구의 절반 이상이 도시에 살고 있다고 지적했다. 그러나 많은 사람이 피난처를 찾기는커녕 비참해졌다. 세계에서 가장 큰 도시에 사는 사람 3분의 1 이상이 가난하고 무기력하며, 빈민가에서 죽어 간다. 그 숫자는 계속 증가한다고 한다. 세계 빈민가에 사는 인구 10억은 세계에서 가장 복음이 전해지지 않은 종족 집단이었다.[1] 난 '세계에서 가장 복음이 전해지지 않은 종족 집단'이라는 말에 충격을 받았다.

나는 비브가 쓴 《가난한 자들의 친구》(IVP 역간)라는 책을 들고 집에 왔다. 마닐라 빈민가에 들어간 비브의 이야기를 읽으면서 아시아로 가야 한다는 소명 의식을 다시 확인했다. 그는 하나님의 백성에게 이렇게 도전했다. "다음 몇 년 내에 이 진흙과 합판으로 된 정글에 복음을 전하는 새로운 선교운동이 일어나야 한다. 그리스도 왕국의 메시지에 열광해서, 가난한 자들 중에서도 가장 가난한 자들에게 그 왕국을 전하기 위해 검소한 생활을 하기로 결심할 사람들이 필요하다."[2]

그때 도시 빈민을 섬기라는 내 인생의 소명은 예수님의 급진적인 추종자들이 했던 방식을 따라 이루어야 함을 깨달았다. 하지만 좀 더 구체적인 것들을 알아야 했다. 그래서 인터넷을 뒤져서 도시빈민선교회에 참여하는 방법을 알아냈다(www.servantsasia.org). 나는 도시빈민선교회 사역자의 연합을 위한 다섯 가지 원리를 읽으며 몹시 흥분했다.

- **성육신:** 도시빈민선교회 사역자는 도시 빈민 가운데 들어가 함께 산다. 그들에게서 배우고, 진정한 관계를 맺고, 그들의 삶과 고통에 참여하고, 그들의 언어와 문화를 배우려고 그들 가운데 들어간다. 예수님의 사랑을 그들의 처지에서 가장 잘 나타낼 방법을 찾고자 그들 가운데 들어간다.
- **공동체:** 도시빈민선교회 사역자는 그들이 사는 지역사회에 헌신하면서, 후원 팀들과 함께 예수님이 말씀하신 사랑과 돌봄과 공동체를 구현한다. 우리는 사람들을 위해서 일하지 않고, 사람들과 함께 일한다.
- **총체성:** 하나님이 '만물을 구속하고' 부자와 가난한 자를 차별하지 않고 삶을 온전하게 회복하는 사역에 집중하시기 때문에, 도시빈민선교회 사역자는 정의를 위해 일하고, 하나님의 은혜를 선포하고, 모든 것을 기도로 그분께 올려 드린다. 우리는 예수님의 복음이 말과 행위와 능력으로 선포되는 것을 보기 원한다.
- **섬김:** 도시빈민선교회 사역자는 이 땅에 "섬김을 받으려 함이 아니요 도리어 섬기러 오신" 예수님을 겸손히 따르고자 노력한다. 그것이 참된 지도자의 길이다. 우리는 가난한 자들의 손에 결정권을 넘겨서 그들을 세워 주려고 노력한다. 외부 자원이나 전문 기술로 가난한 자를 통제하려고 하지 않는다. 우리는 희생과 고통을 감수할 준비가 되어 있다. 그것이 예수님과 가난한 자들의 삶을 신실하게 나눌 유일한 방법이다.
- **단순성:** 도시빈민선교회 사역자는 수많은 사람이 가난하게 사는 한, 풍요

한 삶을 살 '권리'를 내려놓고 내외적으로 단순한 삶을 살기로 헌신한다. 우리는 자아에 사로잡혀 있는 세상에 예언의 소리를 외치는 자가 되고자 한다.

이것이 바로 내가 소원하고 바라던 도전이었다. 철저히 그리스도 중심으로 사는 급진적인 삶. 이전에 소몬과 사귀었을 때 부딪혔던 문제와 빈민가의 빈곤 문제는 이런 접근법으로 해결할 수 있으리라 생각했다.

비브는 그가 추진하던 국제 선교운동에 우리를 연결해 주었다. 도시빈민선교회가 바로 그것이다. 우리는 예수님과 손을 맞잡고 사다리 아래로 새로운 여행에 나섰다. 예수님은 우리를 이끌어 그분의 친구인 도시 빈민들을 만나게 하셨다.

PART 2

캄보디아 빈민가로 들어가다
(2000년)

Chapter 6 빅토리 크릭 브릿지의 무당

작은 비행기가 덜커덩거리며 프놈펜 공항 활주로에 착륙했다. 승강대에 내려서 타맥으로 포장된 활주로를 걸어가자 뜨거운 열기가 엄습해 왔다. 작은 공항 건물에는 약 10명의 세관 직원이 줄을 지어 여권을 검사하고 그것을 다음 사람에게 넘겼다. 우리가 캄보디아 말로 농담을 해서인지 어렵지 않게 대열을 통과할 수 있었다.

바깥에 서른 살쯤 되는 사람이 어슬렁거리는 모습이 보였다. 그는 부스스한 머리에 학자처럼 안경을 쓰고 '예수'라고 쓰인 샌들을 신고 있었다. 새로운 팀 리더 크리스틴 잭(Kristin Jack)이었다. 그는 우리가 도시빈민선교회 팀에 들어온 것을 환영하기 위해 공항에 나왔다.

다음 며칠은 머리가 핑핑 돌 정도로 정신없이 보냈다. 제일 먼저 도시 빈민가에 우리가 살 집을 찾는 것이 시급했다. 우리에겐 외국인과의 친교보다 캄보디아인들과 먼저 하나가 되는 것이 중요했다. 영국으로 돌아간 팀 동료의 집에 잠시 머물면서 앞으로 우리가 살 집을 찾아보기로 했다.

더럽고 좁은 길 끝에 있는 그의 집은 나무로 만든 건물 2층에 있었다. 집 건너편에는 3m 높이의 콘크리트 벽에 가시철사가 둘려 있었다. 누구도 감히 옷 공장을 넘보지 못하도록 단단히 조치를 취한 것이었다. 우리 이웃은 대부분 시골에서 올라와 공장에서 일하는 젊은 여인들이었다. 옆집 아줌마는 시장에 나가 병아리를 팔았다.

짐을 풀고 임시 거처를 살폈다. 화장실에 수도꼭지가 있었다. 꼭지를 돌리자 희미하게 꼴꼴거리는 소리만 날 뿐이었다. 그래서 꼭지를 열어 둔 채 내버려 두었다. 그날 늦게 물이 나오려는지 큰 소리가 났다. 화장실로 달려가 보니 육즙같이 불그죽죽한 액체가 간헐적으로 쏟아져 나왔다. 동네 사람들은 메콩 강에서 직접 펌프로 퍼 올린 물을 사용했다. 사람들은 모두 물을 사용하기 전에 '알룸'이라는 신비의 돌로 실트(모래와 찰흙의 중간 굵기인 흙 – 역주)를 가라앉혔다. 나중에 몇몇 팀 동료가 말했다. "크레이그, 그건 사실 돌이 아니라 고약한 냄새를 막는 방취제 같은 화학물질로 만든 거야."

캄보디아에서의 첫날 밤, 네이와 나는 비좁은 1인용 침대에 함께 누웠다. 찌는 듯한 더위와 체온 때문에 서로 몸을 가까이하지 않으려고 애썼다. 우리가 시도한 새로운 생활 방식에 심각한 회의를 느꼈다. '아, 과연 이런 곳에서 잘 견딜 수 있을까? 정말 잘 해낼 수 있을까?' 잠이 들려는 순간, 누군가가 서서히 고문당해 죽어 가는 고양이 흉내를 내며 노래하는 소리가 들려왔다. 난 네이 쪽으로 몸을 돌리지 않고 교회 성가대의 아름다운 찬양을 떠올리며 낭만적으로 흥얼거려 보았다. 그러다가 화가 잔뜩 나서 밖으로 나갔다. '도대체 한밤중에 누가 이런 형편없는 노래를 부르는 거야?' 캄보디아에는 거리마다 노래방 비디오에 텔레비전과 마이크를 연결해서 노래 장사를 하는 사람이 적어도 한 명은 있다. 심지어 빈민가 골목에도 있다. 우리 동네에는 두 사람이나 있었다. 그들은 한 번 노래 부를 때마다 몇 센트를 받고서 온 동네가 듣고 즐길 수 있게 볼륨을 높였다. 그날 밤을 비롯해 그 동네에 머문 6개월 동안 밤마다 제대로 잠을 잘 수 없었지만, 우리는 적어도 그것이 빈민들의 문맹을 퇴치하는 데 도움이 될 거라고 위안했다. 최소한 화면 아래에 나오는 가사를 읽으려고 노력은 할 테니. 하나님은 언제나 그러하신 것처럼 나를 조금씩 깎고 다듬으셨다.

몇 주가 지난 후, 강물에 몸을 씻다 보니 팔과 다리에 불쾌한 뾰루지가 생긴 것을 발견했다. 그래서 깨끗한 마실 물을 사용해 목욕하기 시작했다. 필터를 거쳐 매우 느리게 조금씩 나오는 물이었다. 한 번 몸을 씻는 데 물 1 l 만을 사용하는 완벽한 기술을 터득했다. 병아리를 파는 옆집 아줌마는 더러운 물을 전혀 신경 쓰지 않았다. 우리는 그 아줌마가 파는 병아리의 비밀을 알게 되었다. 네이는 옆집 아줌마가 강물이 가득한 커다란 주사기를 휘두르는 모습을 목격했다. 병아리들이 살쪄 보이도록 물 주사를 놓는 것이었다.

매일 아침 도시 빈민가를 통과하면서 오랜 시간을 걸었다. 어떤 때는 기도하고, 어떤 때는 릭샤를 모는 친구들과 따분하게 앉아 있었다. 또 어떤 때는 음식을 파는 행상이나 거리의 아이들과 대화를 나누었다. 그렇게 많은 시간을 보내고 땀에 흠뻑 젖은 채 집으로 돌아갔다. 네이는 내 눈을 보고 우리가 머물 도시 빈민 지역을 아직 찾지 못했음을 간파했다. 그 사이 골목에는 노래방이 늘어나 밤마다 소음은 더 심해졌다.

어느 날 나는 빅토리 크릭 브릿지(Victory Creek Bridge)를 거닐고 있었다. 이 하천은 과거 승리의 흔적은 찾아볼 수 없는, 더럽고 오염된 찌꺼기들이 가득한 검은 시내였다. 이 지역 집들은 하천 위나 다리 주변에 임시로 지은 판잣집이었다. 난 보르보르(캄보디아 쌀죽)를 파는 아줌마와 대화를 나누었다. 대화가 끝날 무렵, 난 사글셋방을 찾고 있다고 말했다.

"외국인이 사는 빌라는 다른 지역에 있어요." 아줌마가 씨익 웃자 축 처진 볼이 위로 살짝 올라갔다.

"아, 빌라가 아니고요. 아내와 내가 살 수 있는 작은 집이면 돼요."

"여긴 에어컨 있는 집이 없대도 그러네." 아줌마는 완강했다.

"에어컨이 없어도 괜찮아요. 그냥 단순한 집이면 좋아요."

아줌마는 믿을 수 없다는 듯 머리를 흔들며 판잣집 뒤를 몸짓으로 가리켰다. 땅에서 3m 높이에 나무로 지은 그 집에는 곧 무너질 듯한 사다리가 걸쳐 있었고, 한쪽 면은 벽돌이었다. 아줌마는 민망한 듯 얼굴을 찡그리며 웃었다. "월세로 내놓은 집이에요. 한 달에 미국 돈으로 25달러예요."

그렇게 해서 우리는 빈민가에 최초로 집을 마련했다. 보르보르를 파는 아줌마가 집주인이었다. 방 두 개에 바로 서면 천장에 머리가 닿고, 빛이 들어오는 창문과 문 하나가 있는 집. 이곳이 바로 우리가 거주할 성이었다. 화장실에는 쪼그려 앉아 쓰는 변기와 세면용 양동이가 놓여 있었다. 그 가운데는 버려진 전기 철탑이 우리 집 밑에서 올라와 천장을 지나 작은 탑처럼 우리 집 위로 높이 솟아 있었다. 우리 집은 삼면과 아래가 막혀 있는 데다, 유일한 창문 바로 앞에는 나무 기둥 위에 지은 허름한 판잣집이 불안하게 서 있었다.

밤중에는 때때로 사람들이 지붕 위를 기어다니는 소리가 들렸다. 다음 날 일어나 보면 불법 전선이 우리 집 탑을 지나 다른 판잣집 지붕 위까지 새로 연결되어 있었다. 안타깝게도 캄보디아의 가난한 이웃은 중산층이나 부자보다 더 많은 전기세를 내고 있었다. 정부가 전기를 설치해 주지 않는 까닭에, 높은 전기세를 요구하는 중개인을 통해 전기를 살 수밖에 없기 때문이다. 우리도 어쩔 수 없이 비싼 값을 주고 전기를 사용했다.

집에 들어가려면 우리는 곧 무너질 것 같은 나무 사다리를 타고 올라가야 했다. 마치 영화에 나오는 고성에 연결된 다리와 같았다. 외부 약탈자를 막기 위한 사다리를 들어 올릴 수 없다는 점만 빼면 말이다. 이따금 난간을 잡은 손이 미끄러지면 우리는 균형을 잡기 위해 팔을 흔들며 안간힘을 썼다. 사다리 위에는 언제나 동네 아이들이 와서 앉아 있었다. 물건이 대부분 그렇듯 우리 사다리 역시 동네의 공적 소유물이라는 사실을 알게 되었다. 사람들은 사다리 아래 모여 담배를 피우거나 이야기를 하면서 지나가는 사람들을 지켜보거나, 우리가 하루하루 어떻게 사는지 관찰했다.

우리 집을 처음으로 방문한 사람은 동네 무당이었다. 내가 알기로 그는 동네 사람들에게 무시를 당하는 것 같았다. 인기가 없는, 자칭 무당인 그는 우리 집에 복을 빌어 주고 돈이나 좀 받아 보려는 심산으로 온 듯했다. 우리는 그를 환영하면서 넌지시 알렸다. 이미 우린 예수님께 축복하고 보호해 달라고 요청했다는 사실을.

물을 조금씩 마시면서 새집 바닥에 둥글게 앉아 있는데, 갑자기 자칭 무당이 일방적으로 축복 의식을 거행했다. 노인의 충혈된 눈이 내 눈과 마주쳤다. 시끄러운 소리를 내며 물을 마시던 그가 두 볼이 가득할 정도로 물을 머금고는 날 향해 머리를 돌렸다. 샤워기에서 작은 물방울이 쏟아져 나오듯 그의 입에서 뿜어져 나온 물이 작은 방 한쪽을 적셨다. 난 너무 충격을 받은 나머지 어떻게 손을 써야 할지 몰랐다. 영화에 나오는 슬로모션처럼 그는 입술을 오므리고 또 한 번 소리를 내면서 물을 마셨다. 난 속수무책으로 지켜보았다. 그는 방 나머지 부분에 두 번째로 물을 뿌렸다. 이번엔 내 팔에도 물방울이 튀었다. 그러더니 촉촉이 젖은 입술, 그 사이 침으로 하얗게 얼룩진 혀를 움직이며 주문을 외워 댔다. 즉흥적으로 이루어진 의식이 끝나자 그는 앉아서 이렇게 선포했다. "이곳에 온 것을 환영합니다."

부드럽게 질문을 하면서 우리는 인생과 영성에 대한 좋은 대화를 나누었다. 별난 자칭 무당과의 첫 번째 만남은, 약간 충격을 받긴 했지만 기분 좋게 끝났다.

다음 날 우리는 이웃 사람들에게 그동안 무슨 일이 있었는지 물어보았다. "그 노인네요? 동네에선 그를 영력 있는 사람으로 인정하지 않아요. 그 심술궂은 혀며 사나운 기질이며…. 그래서 그 노인네를 싫어하는 사람이 많아요." 그럼에도 우리는 그날 그를 위해 뜨겁게 기도했다.

편안히 사는 서양의 관점으로 이런 사람들을 상대하기란 쉬운 일이 아니었다. 사실 빈민가에서 고생하며 사는 것은 생각보다 훨씬 더 어려웠다. 어려운 시기를 보내는 동안 우리는 도시 빈민촌에 성육신해 사는 것이 너무 큰 대가를 치루는 일은 아닌지 의심했다. 나는 개인적으로 우리가 하는 일들을 뒷받침할 신학적, 선교학적 이유를 재검토해 볼 필요를 느꼈다. 감사하게도 도시빈민선교회는, 우리가 캄보디아에서 보낸 첫해 동안 깊이 연구하고 함께 상의하면서 보낼 수 있도록 배려해주었다. 그래서 나는 할당된 책을 읽는 일, 특히 성육신적 접근법에 대해 팀 동료이자 친구인 크리스틴 잭과 함께 토론하는 데 많은 시간을 보냈다. 그는 이미 여러 해 동안 빈민가에서 아내와 두 아이와 함께 생활한 경험이 있었다. 그들은 다른 곳에서 휴식을 취하고 집에 돌아갔을 때 작은 판잣집이 범람한 강물에 휩쓸려 간 경험을 하기도 했다. 그는 성육신을 실천하는 삶이 무엇인지 아주 잘 알았다.

크리스틴은 성육신을 실천하는 삶을 많이 생각한 사람으로, 그 주제로 글을 쓰기도 했다. 그는 예수님의 성육신은 기독교 신앙과 선교의 핵심이라는 사실을 강조했다. 예수님은 하늘의 영광을 버리고 우리와 같은 인간이 되셨다. 우리와 함께 고통당하고, 심지어 비참한 죽음까지 당하셨다.[1] 우리는 성육신이 단지 신학적 설명인지 아니면 전략적으로 우리가 따라야 하는 선교 모델인지 토론했다. 그는 나에게 예수님의 말씀을 상기시켰다. "아버지께서 나를 보내신 것같이 나도 너희를 보내노라"(요 20:21). 크리스틴은 예수님의 성육신에서 의사소통의 기본 원리를 배운다는 사실을 자주 언급했다. 그것은 바로 표현 수단이 곧 메시지라는 점이다. 예수님이 안락한 천국을 떠나 이 땅에 와서 사람들을 섬기셨을 때, 섬김과 고난과 십자가 죽음으로 물든 그분의 삶은 그분이 전하려 한 메시지의 핵심이었다. 이처럼 십자가는 단지 속죄의 상징이 아니라 예수님이 추종자들에게 요구하시는 삶의 모습이다. "누구든지 나를 따라오려거든 자기를 부인하고 자기 십자가를 지고 나를 따를 것이니라"(막 8:34).[2]

모두 신학적으로 맞는 말이었다. 난 크리스틴에게 투덜댔다. "하지만 빈민가에서 매일 예수님을 따라 산다는 것은 너무 어렵지 않나요? 저는 선교가 결국은 관계라는 걸 알아요. 그러나 이곳 사람들과 함께 살면서 친구와 이웃이 된다는 것은 너무 어려워요. 특히 저같이 내성적이고 소심한 사람은 정말 어렵다고요!" 그는 이해한다는 듯 고개를 끄덕이며 어떤 점이 어려운지, 또 자신을 돌보는 데 어떤 노력을 하는지 물어보았다.

나는 큰 한숨을 내쉬면서 네이는 냄새를 싫어하고 나는 소음을 싫어한다고 설명했다. 우리 집 벽은 너무 얇아서 옆집 남자가 코 고는 소리를 밤새 들어야 했다. 우리와 불과 몇 센티도 떨어져 있지 않았다. 노랫소리를 들으면서 자야 했던 지옥 같은 첫 6개월은 말할 것도 없었다. 이렇게 힘든 상황에서 계속 살다 보면 피로, 과민성 분노, 집중 곤란 등을 겪다가 결국엔 탈진해 버릴 것이라고 생각했다. 실제로 이웃 사람이 날 화나게 할 때마다 얼굴을 치고 싶은 강한 충동을 느꼈다. 특히 참견하기 좋아하고 시끄럽게 호루라기를 불며 진압봉을 휘두르는 경찰들을 보면 화가 치밀었다. 그들은 거리 곳곳에 숨어 있다가 운 나쁜 외국인에게 벌금을 부과했다. 그리고 그 돈으로 아침 담배를 해결했다. 이 초창기 시절, 난 정말 성전에서 상을 뒤엎으신 예수님의 심정을 십분 이해할 수 있었다.

크리스틴은 이런 부정적 요인들의 충격을 최대한 줄일 건전한 방법을 배우라고 격려했다. 이를테면 규칙적으로 운동을 하거나 팀 동료나 친구들과 함께 빈민가 바깥에 나가서 시간을 보내고, 이따금씩 휴가 시간을 마련하라는 것이다. 사실, 우리는 초기에 매우 자주 휴식이 필요하다는 점을 깨달았다. 처음 몇 달 동안 선교회 시설에서 잠을 자고, 그 후에도 종종 일주일에 하루는 그곳에서 잠을 잤다. 그곳은 팀 모임을 열고 이따금 휴식을 취할 수 있도록 빈민가 바깥에 만들어 놓은 장소였다. 시간이 지나면서 점점 선교회 시설을 이용하는 빈도가 줄어들었으며, 나중에는 빈민가 생활에 익숙해져서 우리의 리듬을 찾을 수 있었다.

또 안락한 수준을 높이려고 과감하지만 적당히 집을 개조했다. 사실 캄보디아는 자기 손으로 집을 꾸미려는 사람의 낙원이다. 마음대로 집에 배수관, 전등, 선풍기, 시설 등을 설치할 수 있다. 건축 규정이나 지방정부의 규제 같은 것을 염려할 필요가 없다. 이 분야에 전문가는 아니지만, 어느 날 나는 우리가 쓰던 낡은 2인용 침대를 반으로 잘라 1인용 침대로 만들었다. 하나는 손님이 잘 침대고, 다른 하나는 소파로 사용할 것이었다. 온 동네 사람이 모여서 내가 톱질하는 모습을 재미있게 지켜보았다. 미치광이 같은 눈을 한 외국인이 날카로운 물건을 휘두르니 순식간에 많은 사람이 몰려들었다.

열심히 땀을 흘리며 침대를 반으로 자르고 보니 다리와 가로대를 빼먹었다. 지켜보던 동네 사람들이 한바탕 웃었다. 여분의 나무를 모아서 마침내 알맞은 1인용 침대를 만들었다. 동네 사람들은 남은 나뭇조각을 나눠 가지고 행복하게 집으로 돌아갔다. 그 조각들로 집에 뚫린 구멍을 메울 생각이었다.

얼마 지나지 않아 새로 만든 침대의 성능을 시험할 기회가 왔다! 쥐약을 먹은 커다란 쥐가 느린 속도로 방을 가로지르다가 그 말똥말똥한 작은 눈이 나와 마주쳤다. 나는 깜짝 놀라 애써 만든 1인용 침대 위로 뛰어올랐지만 그 즉시 침대는 우지끈하고 무너져 내렸다. 다행히 약에 취한 쥐는 침대가 부서지는 어마어마한 소리에 놀라서 달아났다. 그 이

후, 나는 옷걸이 정도만 만들 뿐 다른 것은 언감생심 꿈도 꾸지 않았다.

　이런 소동이 있었음에도 규모 있는 생활을 하는 것이 건강뿐 아니라 사역에도 중요하다는 사실을 깨달았다. 우리는 일을 하고서 매일, 매주, 매 계절 휴식을 취해야 했다. 보통 캄보디아 친구들과 이웃은 점심을 먹고 두 시간을 쉬었다. 그 시간에 보통 작열하는 한낮의 태양을 피해 낮잠을 잤다. 나는 그런 휴식 시간이 중요하다는 사실을 깨닫고, 나중에는 그 시간을 재충전의 시간으로 즐겼다.

　또 한 가지 중요한 것은 우리 사생활을 보호하면서 동시에 이웃과 친밀한 관계가 단절되지 않도록 균형을 유지하는 일이었다. 캄보디아 사람들은 사생활에 대해 우리와는 매우 다른 생각을 하고 있어서, 유리 어항 같은 빈민가에서 살기가 쉽지 않았다. 때때로 사역에서 벗어나고 싶은데 도저히 피할 곳이 없을 때도 있었다. 오전 9시에서 오후 5시까지 일하는 데 익숙해 있던 나는 일주일 내내 24시간씩 근무하는 생활이 이어지자 쇠약해졌다. 때론 늪에 빠져 힘이 고갈되는 듯한 느낌이 들기도 했다. 지나고 보니 우리의 첫 번째 집은 그런 점에서 좋은 곳이 아니었다. 너무 많이 노출되어 있고, 말 그대로 유리 어항 같은 곳이었다. 그래서 우리는 1년 후에 몇 미터 떨어진 곳에, 좀 더 안정된 생활을 할 수 있는 집으로 이사했다. 그 집은 빈민가 한가운데 있었지만, 제대로 문이 달린 집이었다. 그곳에서 우리는 휴식이 필요할 때마다 문을 닫을 수 있었다.

　팀 동료들은 정말 나를 잘 돌보아 주었다. 한 주에 한 번씩 모여 서로 사역을 나누고 기도하는 팀 모임 시간은 나를 살리는 생명 샘 같은 시간이었다. 우리는 하나님의 은혜로 빈민가에서 단순히 살아남는 수준을 넘어, 곧 그곳에서 활발하게 사역할 수 있게 되리라고 믿었다.

이따금 사람들이 묻는다. "크레이그, 그런 곳에 살다니 위험하지 않아요?" 맨 처음 빈민가를 방문했을 때, 많은 집 창문에 창살이 쳐 있는 모습을 보고 매우 놀랐다. 다른 캄보디아 사람은 계속 우리에게 나쁜 동네에 산다고 경고했다. 릭샤는 우리 동네 쪽으로 가기를 거부했다. 늘 우리는 중간에 내려야만 했다. 훗날 본드를 흡입하는 갱들과 그 지역에서 어슬렁거리는 아이들과 친구가 되었을 때, 슬쩍 그들의 도벽에 대해 물은 적이 있다. 그들은 잘난 체하며 대답했다. "이 근처에선 아무것도 훔치지 않아요. 우리는 저 너머 부자 동네에 가서 훔치니까요." 하지만 그들은 내가 릭샤를 탈 때 쓰던 헬멧을 훔쳐 갔다. 어쨌든 그 동네에 사는 동안 우리는 안전 문제로 큰 어려움을 겪은 적이 없으며, 가택 침입을 당한 적도 없었다.

처음에 네이와 나는 바로 옆에 사는 이웃 때문에 고생했다. 자꾸 찾아와 도움을 요청했기 때문이다. 우리는 불평등한 권력 차이를 강화하거나 후원자와 수혜자 관계로 빠지는 건 원하지 않았다. 그렇다고 가난한 자들을 외면하거나 은둔 생활을 하는 것도 일시적으로 문제를 피할 수 있을 뿐, 빈곤 문제의 근본 원인을 해결할 수는 없었다.

어느 날 이웃 사람이 도와 달라고 찾아왔다. 남편이 도망가고 집세가 밀렸으니, 10달러를 빌려 달라는 것이었다. 돈이야 있었지만 빌려 주면 관계가 망가질 것이라는 사실을 본능적으로 알았다. 그러나 달리 어찌할 방도를 찾지 못하고, 또 너무 인색해 보일까 봐 돈을 빌려 주었다. 그 이웃은 옷 공장에서 임금을 받으면 곧 돈을 갚겠다고 약속했다. 그러나 봉급날이 와서 찾아가니 우리를 피했다. 결국 우리는 10달러를 돌려받지 못했다. 사실 그 일이 우리에게 큰 손해는 아니었다. 정말 큰 문제는 친구를 잃어버렸다는 사실이다. 빚을 갚지 못했기 때문에 그 이웃은 우리와 더는 친구가 될 수 없다고 생각했다. 우리는 돈 문제는 그만 잊고 다시 옛날처럼 지내자고 했지만 다시는 전과 같이 지낼 수 없었다. 그 눈에는 체면을 잃은 부채 의식이 깔렸다. 우리는 가난과 자선, 관계와 존엄성에 대한 중요한 교훈을 값비싼 대가를 치르고 배웠다. 그 교훈은 훗날 우리 사역에 큰 영향을 끼쳤다.

하나님은 이 같은 교훈을 통해 특권, 기회, 물질적 부를 소유한 나에 비해 턱없이 가난하고 어려운 이웃의 삶의 문제를 다루라고 재촉하셨다. 나는 매우 많은 복을 받았으며, 이제껏 그것을 당연하게 생각할 때가 많았음을 깨달았다. 그래서 잠시 다른 극단에 쏠려 있었다. 강경하게 현지인과 비슷한 생활을 하기로 결심하고 실천하는 우리 자신을 다른 선교사들과 비교하며 약간의 우월감을 느꼈다.

중산층 집에서 살던 미국인 선교사들은 우리 집을 방문해서 방명록에 재밌는 말을 적어 놓기도 했다. "당신은 동물적인 적응력을 소유한 대단한 선교사요. 우리도 당신같이 되고 싶소…당신이 사는 집만 빼고."

우리는 분명히 도시 빈민 이웃과 비슷한 수준으로 살면서 다른 사람들과 똑같이 자전거나 낡은 스쿠터를 이용하려고 노력했다. 작은 살림 공간에 많은 가구를 채우지도 않았다. 텔레비전을 내다 버렸다. 그것은 그리 큰 손실은 아니었다. 또 냉장고 대신 아이스박스를 사용했다. 이렇게 단순한 삶을 살자, 가난한 이웃은 우리가 선물을 나누어 주면서 권력과 영향력을 행사하러 온 사람들이 아니라는 사실을 알게 되었다. 그 대신 우리가 친구가 되어 어울려 살면서 예수님을 소개하기 원한다는 사실을 알게 되었다.

먹을 것과 살 곳이 없는 가난한 사람들이 많은 나라에서 우리의 사역 방법은 아주 좋았다. 검소하게 사는 것도 바람직했다. 하지만 내 마음은 옳지 못했다. 나는 바리새인이 되는 위험에 처했다. 종종 아무도 모르게 내가 먹는 풀 종류를 세어 보면서 내가 얼마나 검소하게 사는지 교만한 생각을 했다. 나보다 훨씬 더 심원한 문제를 다루는 동료 선교사에게 사랑과 은혜를 베푸는 일도 잊어버렸다.

어느 날 팀 모임에서 크리스틴은 외적 단순성이 어떻게 깊은 내적 단순성에서 흘러나와야 하는지를 이야기했다. 그리고 그 목표는 하나님께 집중하는 것을 가로막는 혼란에서 벗어나는 것이어야 했다. 나는 한 번도 검소한 생활 방식을 외적으로든 내적으로든, 그렇게 깊이 생각해 본 적이 없었다. 고상한 척하는 내 태도가 얼마나 잘못되었는지, 또 그것이 얼마나 하나님의 마음을 상하게 하는 일인지 깨달았다. 하나님은 내게 많은 은혜를 베풀어 주셨건만, 난 다른 사람들에게 은혜를 베풀지 않고 인색한 어린아이처럼 행동했던 것이다. 나의 죄를 깊이 깨달았다.

또 나는 불건전한 추구, 율법주의, 남을 판단하는 태도, 더 거룩해지거나 더 검소하게 살고자 남과 경쟁하는 태도, 이 모든 것을 정기적으로 회개하고, 하나님의 용서와 은혜를 받아야 한다는 사실을 깨달았다. 하나님의 은혜로 나는 다른 사람들과 비교하려는 함정에 빠지지 않을 수 있었다. 우리 각 사람에 대한 하나님의 소명은 독특하며(심지어 도시 빈민선교회 안에서도 서로 소명이 다르다), 우리는 모두 그분의 영광을 위해 각자 다른 상황에서 살도록 부름 받고, 그에 맞게 준비되었다는 사실을 배웠다.

또 도시 빈민 가운데 성육신해야 하는 우리의 소명은 단순히 다른 사람들에 대한 것뿐만 아니라 우리 자신에게도 적용해야 한다는 점을 깨달았다. 우리는 도시 빈민 이웃이 사는 것처럼 검소하게 살 수 없다. 우리에겐 언제나 돌아갈 수 있는 집이 있다. 또 필요하면 언제나 도움을 청할 수 있는 외부 자원이 있다.

한번은 동네 사람 한 명이 서양식 마트에서 우리를 봤다고 말하면서 크게 기뻐한 일이 있었다. 나는 큰 충격을 받았다. 심지어 공포를 느끼기까지 했다. 우리는 정신, 육체 건강을 위해 이따금 특별한 음식을 먹었다. 특히 초콜릿과 치즈를 좋아했다. 나는 선교사답지 않게 과자를 사 먹은 데 대해 사과했다. 우리는, 어쩔 수 없이 가난한 삶을 사는 이웃 사람과 달리 자발적으로 가난을 선택한 사람들이었다. 그래서 원하기만 하면 가난한 상태에 들어갔다 나왔다 할 수 있다. 이런 경험을 하고서 나는, 인간에게 연약함이 있음에도 넘치는 사랑을 베푸시는 하나님의 은혜에 근거해 살아야 한다는 점을 배웠다. 우리는 평생 가난할 수밖에 없는 이웃처럼 항상 검소하게 살 수 없다. 하지만 그들과 더불어 살면서 친구로서, 이웃으로서 그들의 삶을 배우고 경험할 수 있다. 이는 여전히 가치 있는 시도다.

빈민가에 들어간 지 2년 후, 자칭 무당이라는 이웃이 우리 집 건너편에서 암으로 죽어 갔다. 우리는 그 가족과 가까이 지냈는데, 특히 아이들과 친했다. 몇 주 전에 그들은 뎅기열로 장남을 잃고 말았다. 차남 보(Bo)만 남았는데 그는 다운증후군이었다. 동네에서 인기 없는 그 무당을 찾아오는 사람도 없고, 아내 혼자 남편을 돌보느라 고생이 심했다. 혀와 입에 생긴 암 때문에 그는 아무것도 삼킬 수 없었고, 고름이 가득

찬 상처는 매일 깨끗이 씻어 주어야 했다. 나는 그 아내가 남편의 바짝 마른입에 물을 붓는 모습을 지켜보았다. 물은 그의 아래턱 아래가 갈라져 생긴 구멍으로 똑똑 떨어져 나왔다. 정말 참기 어려울 정도로 악취가 났다.

우리는 매일 그가 삼킬 수 있는 유일한 음식 두유를 들고 그 집을 찾아갔다. 그러던 어느 날 그가 머리를 조금 끄덕이면서 우리가 그를 위해 기도해도 좋다는 표시를 했다. 그 이후로도 계속 우리는 그를 위해 기도했고, 예수님 안에서 평안을 찾는 방법을 여러 번 깊이 있게 나누었다. 우리가 침대 곁에 앉아 이야기할 때 그의 아내는 잠자코 옆에서 듣고 있었다. 마침내 그는 이 세상을 떠났다. 유감스럽게도 우리는 그가 죽기 전에 하나님께 용서를 구했는지 잘 모르겠다. 승려들이 와서 그의 집을 정화하는 의식을 장엄하게 거행했다. 그의 아내는 계속 울었다. 아들 보가 울면서 우리 집에 달려왔다. 나는 그를 껴안았다. 자세히는 모르지만 무언가 슬픈 일이 생겼다는 것을 알았다. 보는 계속 울었고, 통통한 뺨을 타고 흐르는 눈물이 코에서 질질 흘러나오는 콧물과 뒤섞였다. 마음이 착잡하고 감정이 북받쳐 올랐다. 우리는 그 죽은 이웃 옆에서 3년을 살았다. 그와 가족을 우리 집에 초청해 대접했으며, 또 그의 집에도 여러 번 찾아갔다. 과연 우리는 어떤 변화를 가져왔는가? 그 모든 수고는 가치가 있었는가?

Chapter 7 빈민가 상자 속의 삶

우리 동네를 방문하고서, 아버지는 우리 집을 '빈민가 상자'라고 부르셨다. 일리가 없는 이름은 아니지만, 그렇다고 빈민가의 삶이 항상 고달픈 것은 아니었다. 우리는 이웃에게서 가난하게 산다고 해서 굳이 아름다움과 창의성을 버릴 필요가 없다는 사실을 배웠다. 신문지가 없는 가난한 캄보디아 사람들은 벽에다 예쁜 소녀 사진이 인쇄된 잡지를 붙인다. 그렇게 사진 도배를 한 사람이 그 집 남자일 거라고 추측했다. 가난한 이웃이 너저분한 데서도 아름다움을 추구한다는 사실이 인상 깊었다. 물론 나는 이사할 때 네이와 상의해서 초라해 보이는 잡지 사진을 다 뜯어내고, 새로 페인트칠을 해서 집 분위기를 바꾼다.

나무 한 그루, 풀 한 포기 보이지 않는 곳에서 하나님의 아름다운 창조를 음미하기란 어려웠다. 우리 동네는 계절이 변해도 진흙 아니면 먼지가 전부였다. 우리가 볼 수 있는 유일한 경치는 다리 밑에 있는 콘크리트였다. 동네를 흐르는 개천은 매우 오염되어 이미 오래전에 폐유 같은 색으로 변했다. 빈민가에 있는 유일한 꽃은 제단에 바친 시든 것뿐이다. 때때로 나는 눈을 감고 어딘가에 있을 아름다운 해변에 누워 있는 모습을 상상한다. 콘크리트와 진흙에서 멀리, 정말 멀리 떨어진 어딘가에 있을.

어느 날 하나님은 말 없는 내 기도에 응답하사 자연을 즐길 기회를 주셨다. 나는 작은 웅덩이, 개똥, 쓰레기를 피하면서 동네를 서서히 지나가고 있었다. 길모퉁이에 이르렀을 때 길 한편에 초록색을 띠는 무언가를 발견했다. 가까이 가 보니 물기에 젖은 딱딱한 지면을 뚫고 풀 한 포기가 자라고 있었다. 빈민가에서 절대 볼 수 없는 장면이었다. 풀의 임자가 누구인가 하는 틀에 박힌 윤리적 문제는 제쳐 두고, 나는 그것을 우리 집에 옮겨야겠다고 생각했다. 생각보다 쉬운 일은 아니었지만 나는 결국 그 풀을 뽑아다가 우리 집 사다리 밑에 심었다.

그 풀은 내가 심은 곳에 반듯하게 놓였다. 나만의 정원이 생긴 것이다. 물론 이웃 사람은 내가 미쳤다고 생각했다. 특히 내가 우리 집 정원 앞에 앉아 돌아가는 세상을 웃으며 바라볼 때 더욱 그랬다. 깔끔하게 손질한 정원 앞에 앉아 있는 선교사라니.

유감스럽게도 내 정원을 멋있게 생각하는 존재가 또 있었다. 바로 동네 개들이었다. 개들은 그곳에 자연 비료를 주었다. 내가 즐기던 자연 세계는 사라졌다. 너무 냄새가 나서 곧 작은 정원을 폐쇄했기 때문이다.

이때쯤 빈민가에 사는 것이 훨씬 편안해진 상태였다. 우리는 좋은 삶의 리듬을 개발했다. 도시빈민선교회의 다섯 가지 원리(성육신, 공동체, 총체성, 섬김, 단순성)와 다섯 가지 가치(은혜, 휴식, 축하, 창의성, 아름다움)의 긴장을 건강하게 유지할 수 있었다. 또 우리는 도시 빈민촌에 사는 일이 가치 있다는 점을 깨달았다.

우리가 깨달은 첫 번째 교훈은, 가난한 사람들과 밤낮으로 같이 살면서 그들의 이야기를 더 많이 듣게 되고, 그들의 관심사에 더 많이 귀를 기울이게 된다는 점이다. 특히 취약한 계층에 속한 사람일수록 사회에서 소외당하고 제 목소리를 낼 수 없다는 점을 알아야 한다. 나는 사람들이 자신의 고통을 말할 때 그 이야기를 들어 주는 것만으로도 상당한 가치가 있다는 사실을 배웠다. 그들은 가난, 가정 문제, 관리의 부당한 횡포, 크메르루주 시절의 후유증 등으로 많은 고통을 겪고 있었다.

"기운 내요! 밝은 면만 봐요." 이런 말은 별 효과가 없다. 그렇게 말하는 것은 그들의 경험을 과소평가하는 것으로, "내게 당신의 고통을 이야기하지 말아요. 듣기 거북하니까"라고 말하는 것과 다를 바가 없다. 나는 그들이 말하는 것을 정말로 귀담아 듣는 법을 배웠다. 시간이 흐르고 관찰하는 법을 배우면서 결국, 도시 빈민 이웃이 처한 삶의 현실을 깊이 이해하게 되었다.

이것은 그 지역에 살면서 다양한 시간대에 이웃을 만나고 관찰할 기회가 있었기 때문에 가능했다. 이따금 세계은행이나 UN 또는 다른 큰 단체 사람들이 지역사회 개발을 한다고 우리 동네를 찾아왔다. 나는 최근에 개발된 '참여적 농촌 평가' 방법, 로그프레임(개발 프로젝트를 계획, 감시, 평가하는 데 사용하는 관리 도구 – 역주), 플립 차트(강연 등에서 뒤로 한 장씩 넘기며 보여 주는 큰 차트 – 역주) 등을 반대하지 않는다. 그러나 상아탑에서 만들어진 이 방법은 언제나 똑같은 사람들하고만 이야기한다. 거리에서 구걸하는 거지나 밤중에 다리 밑에서 자는 아이들같이 제 목소리를 내지 못하는 사람들은 놓친다. 나는 이따금 우리 빈민가를 찾아오는 방문객이 만나는 사람들을 보며 그들이 이곳을 대표한다고 생각하지 않기를 희망했다. 그들은 언제나 오전 8시와 오후 5시 사이에 우리 동네를 찾아왔다. 밤에는 절대 오지 않았다. 따라서 그들은 낮 시간에 집에 있는 사람하고만 만났다.

또 비가 많이 오는 계절에는 대부분 빈민가에 접근할 수 없다. 이 기간에는 매우 용감한 외부인 빼고는 들어올 수가 없다. 프놈펜의 많은 빈민가가 그렇듯, 우리 동네도 1년에 여러 번 범람했다. 그래서 우리 동네는 바지를 걷어붙이고 물에 들어가야만 접근할 수 있었다.

여러 해에 걸쳐 네이와 나는 우리가 사는 지역의 계절 리듬을 배웠다. 지역의 시시콜콜한 부분까지 잘 알게 되었다. 누가 왔다 갔는지, 비수기에 일을 찾으러 온 시골 사람이 언제 가득한지, 시골에서 벌어지는 전통 축제 때문에 지역이 언제 조용해지는지…. 우리는 시간이 흐름에 따라 진행되는 변화를 보았다. 그리고 쉽게 깨닫기 어려운 관점을 얻었다. 외부인이 많은 변화를 제대로 보지 못하거나 전혀 인식하지 못한다는 사실을 알게 되었다.

네이와 나는 어려운 때가 이웃과 하나 되는 좋은 기회라는 사실을 알았다. 화재와 홍수, 장례식과 질병 등과 같은 고난의 때를 함께 보낼 때 그들과 친밀한 관계를 맺을 수 있었다. 나는 친구들에게 이렇게 말하기 원했다. "이런 상황에서 어떻게 해야 할지 모르겠어요. 정말 대답을 몰라요. 하지만 여러분과 함께 살면서 그 답을 찾고 싶어요." 그러나 그런 말은 공허한 말이 될 수 있다. 실제로 대부분 나는 무슨 말을 해야 할지 몰랐다. 그래서 그저 그들과 같이 울거나 웃었다. 우리가 홍수로 넘치는 물을 함께 헤칠 때 사람들은 우리 모습을 보고 웃으면서 우호적인 태도를 보였다. 우리는 이런 고통을 함께 겪을 때 친밀한 관계가 형성된다는 사실을 알았다. 가난한 사람들이 우리의 진정한 이웃이 될 때, 그들은 '목표 집단'이나 '수혜자'가 아니라 친구가 되었다. 이렇게 되자 우리는 그들의 복지를 위해 더 열심히 일하게 되었다.

그러나 성육신적 삶에는 치러야 할 정서적 대가가 있었다. 에이즈 환자가 많다는 통계를 아는 것과 친구나 이웃이 에이즈나 다른 불치병으로 죽어 가는 모습을 보는 건 별개다. 우리가 동네에 머문 지 몇 달이 지났을 즈음 집 앞에 사는 아줌마가 매우 아팠다. 어느 날 밤, 팀 동료인 재닛 콘월(Janet Cornwall) 박사가 저녁 식사에 초대받아 왔다가 그 아줌마를 보았다. 재닛은 간경변 진단을 내렸다. 가난한 그 여인은 여러 달 임신한 사람처럼 보였다. 몇 주가 지나서는 고통 때문에 밤낮으로 울거나 소리를 질러 댔다. 결국 고통이 너무 심한 나머지 미치고 말았다. 가족은 아줌마를 억제하기 위해 묶어 두어야만 했다. 이 기간은 아줌마의 가족에게 정말 힘든 시간이었다. 이웃 주민인 우리도 잠을 못 자고 밤새도록 아줌마가 지르는 비명을 들어야만 했다. 그러고서 아침에는 서로 위로와 동정의 말을 나누었다. 네이와 나는 아줌마에게 진통제를 주고 간절히 기도했다. 하지만 병이 나을 거라는 믿음은 솔직히 별로 없었다. 아줌마가 죽을 것 같았던 적이 여러 번 있었다. 그때마다 판잣집 안에 있던 모든 사람은 울기 시작했다. 그러다가 5분 후에 갑자기 회복었다. 결국 아줌마는 죽었다. 장례용 천막의 한 모서리를 우리 집 앞문에 묶었는데, 그것은 우리와 그 장례식을 묶는 상징적 행위였다. 우리는 슬픈 장례식에 동네 사람들과 함께 참여했다. 몇 주 동안 동네 사람들과 고난을 함께 겪으면서 우리 관계는 더 굳건해졌다. 그 사건 이후 우리는 그들이 우리를 더 신뢰하고 존경한다는 사실을 알았다.

또 우리 집에 어린이들이 들어올 수 있도록 개방함으로써 가장 취약한 어린이의 자존심을 높여 주었다는 사실을 알았다. 그저 거기에 같이 있고 이야기를 들어 주면서, 우리가 그들의 의견과 생각과 삶을 소중히 여긴다는 점을 보여 주었다. 아이들에게 자신의 고통을 말할 기회를 주었다. 우리가 그곳에 함께 살고 같이 앉아 이야기를 들어 주자 아이들은 말을 하기 시작했다. 우리는 여기저기 다니며 긍정적인 말로 하나님의 형상에 따라 창조된 인간의 가치를 이야기했다. 특히 동네에서 무시당하는 장애인, 어린이, 알코올중독자, 노숙자에게 더 많은 이야기를 들려 주었다.

어느 날 우리 집 마루에 앉아서 집 없는 소년의 얼굴에 난 상처를 치료하고 있었다. 그 아이는 열세 살인데, 우리 동네를 돌아다니면서 말썽을 일으키는 것으로 악명이 높았다. 술이 적당히 취한 이웃 사람이 들어오더니 내게 불필요한 충고를 했다.

"그 아이에게 신경 쓰지 마세요. 걔는 본드나 하는 전혀 쓸모없는 아이예요."

그의 얼굴을 한 대 때리고 싶은 충동을 꾹 참고, 나는 그 아이가 그런 대우를 받을 가치가 있다고 부드럽게 말했다. 예수님은 누구든지 작은 아이 하나를 환영하면 그분을 환영하는 것과 마찬가지라고 말씀하셨기 때문이다. 내 말을 듣고 그 소년의 얼굴이 환해졌다. 그 후 그 아이는 우리 집에 정기적으로 찾아왔다. 내가 그를 위해 시간을 낼 만큼 자신을 소중히 여긴다는 사실을 알고 쓸모 있는 존재가 되려고 노력했다.

빅토리 크릭 브릿지에 살며 친구들을 사귀면서, 우리는 그 동네 사람들과 그 지역을 소중히 여긴다는 메시지를 보낸 셈이었다. 그곳은 '사역을 하는' 장소가 아니라 함께 살면서 삶을 나누는 장소였다. 이런 식으로 우리는 신뢰를 얻었다. 신뢰를 얻기 전에는 지속적 가치가 있는 일을 할 수 없음을 깨달았다. 이웃과 시간을 보내고 같은 고난을 당할 위험에 우리 자신을 노출하면서 자연스럽게 그들과 하나가 되었다. 이렇게 해서 우리는 이웃의 신뢰를 얻었으며, 그들은 우리의 의견을 훨씬 더 잘 받아들였다. 그들은 자신들의 의견을 더 잘 제시했으며(특히 무심코), 어떤 아이디어가 효과가 있을지 없을지 그 이유도 더 잘 말해 주었다. 그리고 후원자를 대하는 수혜자의 태도가 아니라, 친구로 우리와 관계를 맺었다. 그들이 내게 정겨운 말투로 욕하고, 나를 상대로 농담하기 시작했을 때, 내가 진보를 이루고 있는 것을 깨달았다.

또 우리는 말할 권리를 얻었다. 네이는 젊은 여성들과 친구가 되었다. 그중에 스무 살이 넘은 사림(Sareem)이라는 간호사가 있었는데, 그 친구는 우리 집 바로 맞은편 나무집에서 남편과 함께 살고 있었다. 사림은 부끄러워하면서 우리를 지켜보았는데, 나중에 우리 집이 동네 모든 사람에게 개방된 장소임을 알고 감명받았다고 했다. 하지만 정작 사림은 한 번도 우리 집에 들어오지 않았다. 네이가 끈기 있게 노력한 결과, 결국 사림은 우리 집을 방문했다. 그 친구는 우리 집에서 예수님에 대한 어린이책을 발견하고는 그 책이 무어냐고 물어보았다. 그래서 네이는 사림에게 예수님 이야기를 영어로 가르쳐 주겠다고 제안했다. 사림은 그 제안을 받아들였다. 사림과 네이는 지속적으로 교제했다. 사림은 우리가 이야기하는 예수님이 가난한 자들을 사랑하고 그들에게 좋은 소식과 치유를 가져오기 위해 이 땅에 오셨다는 사실에 매료되었다. 어느 날 사림은 예수님을 따르기로 결심했다. 그리고 헌신된 예수님의 제자요, 우리의 동역자가 되었다.

  빅토리 크릭 브릿지의 도시 빈민촌에 성육신해 사는 것은 분명히 네이와 내게 긍정적 영향을 많이 끼쳤다. 가난한 자들과 더불어 살려고 몸부림치고 그들에게서 배우려고 노력하면서, 우리는 가난한 자들의 삶을 새롭게 이해하게 되었다. 실제로 가난한 이웃의 관점에서 사건을 보기 시작했다. 부당한 일을 당하면서도 어쩔 수 없이 좌절하는 그들의 심정에 공감할 수 있었다. 뇌물을 주지 않고 외국인 등록 서류에 서명을 받으려고 공무원들과 씨름한 적이 있다. 하지만 실패하고 넌더리가 나서 포기하고 말았다. 우리는 낙심하게 하고 소외시키는 사회 조직에 사람들이 체념하는 것을 알았다. 또 홍수와 철거같이 어려운 일들이 겹치는데도 그들이 쾌활한 것을 보았다. 우리는 언젠가 하나님이 이렇게 배운 것들을 사용하시리라 믿었다. 하지만 하나님이 어떻게 그것을 사용하실지는 그때는 잘 몰랐다.

  어느 날 아침 크리스틴과 나는 기도 및 나눔을 위한 정기 모임을 하고 있었다. 우리가 종종 하던 대로 마지막에는 성육신적 생활 방식의 철학적 본질에 관해 이야기를 나누었다. 나는 도시 빈민촌에 성육신하여 사는 것은 부분의 총합보다 훨씬 많은 것을 의미한다는 사실을 더욱 더 깨달았다. 가난한 자들에게 성육신하여 사는 삶의 가치는 즉석으로 관계가 형성되고 회심자가 생기고 문제가 해결되거나 통찰을 얻는 것 이상이었다. 그 가치는 그 행동의 상징적 본질에서도 찾아볼 수 있다.[1] 우리 특권을 포기하고 가난한 자들에게 나아가는 일은 다른 사람들도 우리와 같은 방향으로 나아가라고 격려하는 것이다. 또 가난하고 소외된 사람들을 소중히 여기는 하나님 나라의 생활 방식을 나타내는 것이다.

크리스틴과 나는 우리가 이곳에 사는 것으로 많은 사람에게 영향을 끼칠 수 있도록 축복해 달라고 하나님께 전심으로 기도했다. 우리 빈민가뿐만 아니라 다른 빈민가, 더 나아가 캄보디아 전역에 있는 다른 지역에까지 그 영향력이 확산되도록 기름부어 달라고 기도했다. 나는 그 당시 하나님이 그 기도에 어떻게 응답하실지 몰랐다.

PART 3

캄보디아 고아들을 만나다

Chapter 8 **고아원 아이들**

내 마음을 뒤흔든 아이가 하나 있었다. 그 아이는 슬픔이 가득한 진한 갈색 눈을 한 네 살짜리 작은 아이, 비잘(Visal)이었다. 나는 비잘이 제대로 옷을 입은 모습을 본 적이 없다. 아이는 늘 연한 푸른색에 흰 줄무늬가 있는 파자마를 입었는데, 그것도 몸이 줄어들면서 점차 커 보였다.

비잘은 에이즈로 죽어 간 수많은 어린이 가운데 내가 처음 본 아이였다. 우리 집 근처 동네에 있는 작은 교회에서 비잘과 그의 어머니를 알게 되었다. 비잘은 예배 시간에 심한 기침을 했는데 몹시 고통스러운 것 같았다. 그러면 우리는 모두 안타까운 마음에 주춤했다. 그의 고통을 대할 때면 소리 내어 손뼉 치며 기쁨을 나타내는 찬송가가 왠지 경박스럽게 느껴졌다.

나중에 네이와 나는 비잘의 작은 집을 몇 번 방문했는데, 지칠 대로 지친 그의 어머니는 우리에게까지 주먹을 휘두르는 남편과 사는 어려움을 토로했다. 한번은 남편이 도박 자금을 마련하려고 집 안에 있는 모든 것을 판 적이 있다고 토로했다. "이것저것 팔다 못해 요리할 때 쓰는 냄비까지 내다 팔았지 뭐예요. 대체 어떻게 식사를 준비하라는 건지." 우리는 집에 돌아가서 우리에게 있던 냄비 두 개에서 하나를 가져와 전해 주었다. 나중에 우리는 비잘의 어머니가 자신의 도박 자금을 마련하려고 그 냄비를 팔아 버렸다는 이야기를 들었다. 결국 비잘은 차마 그 슬픈 눈을 들여다보기도 어려울 만큼 수척해졌다. 연한 푸른색에 흰 줄무늬가 있는 파자마는 뼈만 앙상하게 남은 몸에 걸친 천막 같았다. 그러던 어느 날 비잘이 죽었다는 소식을 들었다. 나는 아이의 짧은 삶과 죽음에 큰 충격을 받았다.

크메르루주 통치는 수많은 고아를 양산했다. 입양한 내 형제 자매인 존과 애나, 아내 네이, 많은 캄보디아 친구와 이웃은 캄보디아에서 부모 없는 첫 세대를 대표하는 사람들이었다.

빈민가에 살면서 우리는 에이즈에 걸린 이웃과 그들의 아이들에 대해 많은 것을 알게 되었다. 나는 그들이 캄보디아에서 부모 없는 두 번째 세대라는 사실을 깨달았다. 에이즈는 지금 캄보디아 도시 빈민가 아이들을 위협하는 가장 큰 적이다. 에이즈가 빈민가에 만연하면서 또 한 세대의 아이들이 부모를 잃고 있다. 암, 전쟁, 사고사보다 에이즈가 더 나쁜 점은 아빠와 엄마 둘의 생명을 모두 앗아 갈 가능성이 크다는 것이다.[1] 캄보디아에서 이 부모 없는 세대는 7만 7천 명 정도로 추정되는데, 그들은 에이즈로 죽어 가는 부모를 돌보고 있다.[2]

에이즈가 이런 캄보디아 어린이와 어린이들의 부모에게 끼치는 영향은 엄청났다. 당장 문제가 되는 것은 물론이요, 장기적으로도 심각했다. 비잘처럼 어머니를 통해 태어날 때부터 에이즈 바이러스에 감염된 대

다수 캄보디아 어린이는 3-4년을 넘기지 못한다.[3]

사실 우리가 아는 대다수 어린이는 에이즈에 걸린 부모에게서 태어났어도 에이즈 바이러스에 감염되지 않았다. 그러나 부모의 병이 깊어지면서 아이들은 제대로 돌봄을 받지 못했다. 질병으로 엄마나 아빠가 일할 수 없게 되면서 수입이 줄어들었다. 또 병을 치료하는 데 돈을 쓰면서 재산을 팔 수밖에 없었다. 종종 절망에 빠진 가정은 무당을 찾아갔다. 그러면 무당은 찾아온 사람들의 약점을 이용해 과장된 주장을 하거나 어처구니없는 처방을 내렸다. 이를테면 바퀴벌레를 먹거나 어떤 신비한 효능이 있는 풀을 삼키라는 것이었다. 이들은 에이즈에 치료책이 없다는 사실을 몰랐다.

이런 이유로 아이들은 교육, 보건, 생존, 발달 모든 면에서 제대로 보살핌을 받지 못했다. 또 폭력, 착취, 학대, 방치 같은 악에서 제대로 보호받을 수 없었다. 특히 여자 아이들은 아픈 부모와 어린 동생들을 돌보기 위해 학교를 그만두었으며, 성적으로 착취당할 위험에 노출되었다.

이런 상황에 처한 가족들을 보노라면 마음이 찢어졌다. 그러나 감사하게도 우리보다 앞서 아파한 사람들이 있었다. 캄보디아의 도시빈민 선교회 팀은 에이즈 문제를 해결하려고 노력했다. 많은 의사, 간호사, 의료인이 이 사역에 참여했다. 재닛 콘월 박사와 다른 팀 동료들은 내게 가치 있는 고난과 부당한 고난을 구분하는 데 너무 신경 쓰지 말라고 가르쳐 주었다. 우리는 어떤 고난이 가치 있고, 어떤 고난이 가치가 없는지 알 수 없기 때문이다. 고난을 자꾸 구분하려는 것은 누가 우리의 동정을 받을 수혜자가 될 자격이 있는지 없는지를 우리가 결정할 수 있다고 생각하는 얄팍한 자세에서 나온 것이다.[4] 이들은 에이즈에 걸린 어떤 사람이 어린이나 혈우병 환자가 되어야 동정받을 자격이 있다고 생각하지 않았다. 그렇게 하나님만이 내리실 수 있는 판단을 하는 데 시간을 허비하는 대신, 도시빈민선교회 팀은 팔을 걷어붙이고 자원봉사를 할 의향이 있는 지역 그리스도인들을 동원해 에이즈에 걸린 사람들을 돌보았다. 그리고 이 자원봉사자들에게 에이즈 환자들을 방문하고, 그들의 손을 잡고, 그들을 위해 기도하고, 집안일을 돌보아 주는 법 등을 가르쳤다.

도시빈민선교회 팀을 돕는 보조 간호사 중 에이즈 환자들을 방문하는 한 사람이 있었다. 그 지역 출신 자원봉사자인 활기찬 30대 여성 세리(Serei)였다. 어느 날 나는 세리에게 어떻게 도시빈민선교회에 참여하게 되었는지 말해 달라고 했다. 그러자 세리는 이를 드러내고 싱긋 웃으면서 놀라운 이야기를 해주었다.

"당신도 알다시피 우리 가족은 불교도예요. 어느 날 예수님에 대한 이야기를 듣게 됐어요. 그런데 그분을 더 알고 싶은 거예요." 나는 고개를 끄덕이며 계속하라고 신호를 보냈다. "누군가가 제게 성경책을 줘서 저는 온종일 방에 앉아 문을 닫고 이 거룩한 책이 예수님을 어떻게 말하는지 살펴보려 했어요. 성경책을 막 집어 든 순간 문을 두드리는 소리가 들렸어요. 그래서 저는 곧바로 책을 감추고 문을 열었는데 바깥에 아무도 없는 거예요." 세리는 계속 웃으며 말했다.

"그랬군요." 나는 열심히 이야기에 귀를 기울였다.

"앉아서 성경을 읽으려는데 다시 조용히 문 두드리는 소리가 났어요. 그래서 문을 열어 보니 역시 아무도 없는 거예요. 저는 무슨 일인지 의아했죠. 다시 앉아서 책을 읽으려 했어요. 그런데 또다시 문 두드리는 소리가 나는 거예요. 물론 이번에도 바깥에는 아무도 없었고요. 마침내 제가 성경책을 잡아서 한 페이지를 읽는데 거기에 이런 말씀이 적혀 있는 거예요. '볼지어다 내가 문 밖에 서서 두드리노니 누구든지 내 음성을 듣고 문을 열면 내가 그에게로 들어가 그와 더불어 먹고 그는 나로 더불어 먹으리라'(계 3:20)."

세리의 말을 듣자 팔에 소름이 돋았다. 세리는 계속 이야기를 했다. 그 말씀을 읽고 울었던 일과 그 자리에서 예수님을 따르겠다고 결심한 이야기를 해주었다. 사실 그 당시에는 그 말씀이 무엇을 의미하는지 제대로 알지 못했다고 한다. 하지만 나는 그 이야기를 듣고 큰 감동을 받았다. 세리는 곧 그리스도인, 도시빈민선교회 팀과 자원봉사자들이 그리스도의 이름으로 에이즈 환자들을 방문해서 기도해 주는 모습을 보았다. 그리고 이 일이 예수님을 따르는 참된 길임을 깨달았다. 얼마 지나지 않아 세리는 가난한 사람들을 위해 일하는 최고 사역자가 되었다.

우리 앞집에 사는 간호사 친구 사림 역시 예수님이 병자들을 어떻게 치유하셨는지 보고, 도시빈민선교회에 참여하게 되었다. 사림은 에이즈 자택 간호 팀에 합류해 환자들을 돌보았다. 이미 의학적 지식을 갖추었기 때문에 재닛 박사는 사림에게 고급 훈련을 시켰다. 그 결과 사림은 다른 의료 팀과 자원봉사자들과 더불어 에이즈 자택 간호 팀에 없어서는 안 될 소중한 존재가 되었다. 에이즈 자택 간호 팀과 함께, 네이와 나는 각 가정을 방문했다. 캄보디아 친구들과 동료들이 함께 기도하면서, 캄보디아에서 부모 없는 두 번째 세대인 아이들을 위해 무엇을 해야 할지 묻기 시작했다.

네이와 나는 하나님이 어떤 식으로든 이 문제에 더 깊이 관여하도록 우리를 부르신다는 사실을 깨달았다. 이 문제를 놓고 대화하고 기도하면서 우리 마음에 떠오른 첫 번째 생각은 고아원을 시작하는 것이었다. 우리는 40-50명의 예쁘고 작은 아이들을 모아서 단정하게 옷을 입히고 양질의 교육을 시키는 장면을 상상했다. 몇 년을 투자해 그들을 집중적으로 훈련한다면 어느 날 그 아이들은 목사, 기독교 지도자, 교회 개척자, 전도자가 될 것이다. 마케팅 경험이 많은 나는 고아원을 하는 것이 어린이 문제도 해결하고, 기금을 모으는 데도 도움이 될 거라고 판단했다.

하지만 확신이 없었던 팀 동료들은 우리에게 다른 대안을 찾아보라고 조언했다. 마지못해 처음에는 고아들의 필요를 채울 여러 가지 방법을 조사해 보기로 결정했다. 네이는 비정부기구의 상위 단체인 캄보디아협력위원회를 찾아가 보았다. 캄보디아협력위원회에는 연구 조사 보고서를 모아 놓은 작은 도서관이 있었다. 먼지가 잔뜩 묻은 책들을 뒤지다가 얇고 푸른 책 하나를 발견했다. 그 책에는 크메르에이즈비정부기구연합(Khmer HIV AIDS NGO Alliance, 이하 KHANA)이 시행한 연구 결과가 수록되어 있었는데, 에이즈에 걸린 캄보디아 아이들의 상황을 정확하게 설명하고 있었다.[5] 조사한 범위의 아이들은 에이즈로 부모를 잃고 엄청난 피해를 보았다. 이 연구는 아이들이, 부모가 사망하고서 부모 소유의 땅과 집, 그 밖의 재산에 대한 권리를 빼앗긴다는 사실을 밝혀냈다. 또 에이즈에 걸린 부모를 둔 아이들이 높은 수준의 스트레스와 비난으로 고통당한다는 사실도 알아냈다.

- 어린이 5명 중 1명이 가족을 부양하려고 일을 시작했다.
- 3분의 1은 부모를 돌보고 집안일을 해야만 한다.

- 40%는 학교를 그만두고, 음식과 옷과 같은 필수품이 부족하다.
- 3명 중 1명은 집을 떠나거나 집이 아닌 다른 곳으로 보내졌다.

네이가 그 보고서를 보여 주었고, 난 집에서 살 수 없게 된 아이들에게 일어나는 일을 보며 매우 놀랐다.

젊은 미국 여성인 사라 알켄브랙(Sarah Alkenbrack)은 캄보디아 고아와 에이즈에 걸린 어린이의 심리 상태를 조사하고 있었다. 사라는 나에게 에이즈에 걸린 500가정의 아이들과 에이즈에 걸리지 않은 500가정의 아이들을 비교해 보았다고 말했다.[6]

이것을 통해 사라는 에이즈에 걸린 가정의 소득이 많이 줄어드는 것을 발견했다고 말했다. 또 이 아이들이 이웃집 아이들보다 식사를 덜 하고 있음을 발견했다.[7] 사라는 KINDL 지표라 부르는 복지 측정법을 사용해서 에이즈에 걸린 가정에 속한 아이들의 삶의 질을 평가하고 그것을 이웃의 것과 비교했다. 에이즈에 걸린 아이는 이웃 아이보다 삶의 질이 상당히 낮았다.[8]

사라는 에이즈 감염이 가정에 큰 부담이 된다는 명백한 결론을 도출했다. 아이들은 여러 가지 짐을 떠안게 된다. 병든 친척을 돌보기 위해 학교를 그만두고, 빈약한 음식 섭취, 낙인, 차별, 낮은 삶의 질과 같은 어려움을 겪게 된다는 것이다.[9] 나는 이웃들과 우리가 방문한 가정에서도 이런 문제를 익히 봐 왔기 때문에 고개를 끄덕이며 동의를 표시했다.

같은 시점에 또 켄 카스웰(Ken Carswell)이라는 사람을 만났다. 그는 안경을 쓴 젊은 영국인으로 캄보디아 고아와 소외된 어린이의 심리적 필요를 조사하고 있었다. 그는 캄보디아에 사는 고아 190명과 소외된

어린이, 특히 에이즈에 걸린 가정의 어린이를 조사했다.[10]

켄은 내게 이 아이들이 부모의 죽음으로 여러 가지 타격을 받는다고 전했다. 고아의 절반가량이 부모와 사별하기 전보다 음식을 적게 먹고, 돈이 부족하며 집안일을 많이 한다고 한다. 3분의 1은 어린 동생들을 돌보는 책임을 떠맡고, 10분의 1은 집을 잃고 노숙자가 된다고 한다. 이것이 현실이었다.

놀라운 사실은 이런 어려움이 있음에도, 고아들이 집에서 사랑과 돌봄을 받는다고 느끼는 것으로 보고되었다. 비교 집단보다 약간 높은 수의 아이만이 그들이 처한 환경에 사는 것을 불행하게 느꼈다.[11] 켄은 마을에 사는 대부분의 캄보디아 고아가, 육체적으로나 언어로 학대당하거나 극심하게 빈곤한 후견자와 사는 것이 아니라면, 심리적으로 대개 건강하다는 결론을 내렸다.[12]

나는 이 두 연구 조사자가 고아가 되고 나서도 마을에 남아 있는 아이들만 조사했다는 사실에 실망했다. 고아원에 사는 아이들의 형편에 더 큰 관심을 쏟았기 때문이다. 조지 뮬러(George Müeller)가 떠올랐다. 고아들을 돌보는 소명을 추구하면서 보여 준 그의 영웅과 같은 기도는 내게 영감의 원천이 되었다. 나는 이 불쌍한 고아들이 좋은 고아원에서 더 나은 삶을 살게 될 것이라고 생각했다.

서양에는 고아원이 드물지만, 가난한 나라에서는 고아원 어린이의 수가 늘고 있다. 세계적으로 약 800만 명의 어린이가 고아원에서 산다.[13] 캄보디아 정부, 수많은 일반 단체와 기독교 단체, 선교사와 교회가 캄보디아 고아들을 위해 고아원을 설립했다. 사실상, 그동안 어른들은 전통적 고아원이 캄보디아 고아들을 돌보는 바람직한 대안이라 생각했고,

3부 캄보디아 고아들을 만나다

지금도 계속 그렇게 생각한다.[14]

그러나 나는 아이들이 정말 좋아하는 것이 무엇인지에 더 관심이 있었다. 앞에서 언급한 KHANA 연구 보고서를 더 자세히 살펴보고서 한 가지 해답을 발견했다.[15] 고아들을 돌보는 방법으로 제도적 해결책을 선호한 어른과는 달리, 아이들은 하나같이 고아원보다 가족과 지역사회에 근거한 해결책을 선호했다.[16]

손티(Sonti)라는 십대 소녀의 가정을 방문해서 대화를 나눈 적이 있다. 에이즈로 죽어 가던 손티의 어머니는 손티와 어린 두 동생을 기독교 고아원에 맡겼다. 어느 날, 죽음을 몇 주 앞둔 손티 어머니를 방문했다. 그런데 놀랍게도 손티는 그곳에서 접시를 닦고 있었다. 나는 그 아이에게 여전히 고아원에서 사는지 물어보았다. 그 고아원은 캄보디아 전국에 여러 고아원을 설립한 유명한 기독교 선교단체에서 운영하는 곳이었다. 손티는 얼굴을 찌푸리며 중얼거렸다. "난 거기 있는 게 싫어요."

나는 좀 더 분명히 말해 보라고 했다. "고아원에서 나온 이유를 다시 말해 보렴. 거긴 기독교 고아원이잖아. 그들은 그리스도인이 아니니?" 손티는 흘러내리는 눈물을 닦으면서 땅을 쳐다보았다 "그래요. 목사님과 사모님은 잘해 주세요. 하지만 매일 우리를 돌보는 다른 직원들은 이름만 그리스도인이에요. 그 사람들은 아픈 엄마 아빠를 만나지 못하게 해요. 제가 울면서 '엄마가 죽어 가요. 제발 집에 좀 보내 주세요' 하고 애걸한 적도 있어요. 그곳은 교도소 같았어요. 규정상 우리는 학교 가는 것을 빼고는 고아원 문밖을 나갈 수가 없었어요. 예외가 없었죠. 심지어 죽어 가는 우리 엄마도 돌보러 올 수 없었으니까요. 그래도 나가려고 하면 우리를 막대기로 때렸어요." 손티는 반항적 태도로 날 올려다보았다. "저는 음식을 많이 먹고 좋은 옷을 입으며 고아원에서 사는 것보다 가난해도 우리 가족과 함께 있는 것이 좋아요. 고아원에서 우리는 한 가족이라고 계속 말했지만 진짜 가족 같지는 않았어요. 엄마의 따스함과 사랑 같은 것은 찾아볼 수 없었다고요."

◆

나는 유니세프(유엔국제아동긴급기금)의 고문 두 사람과 여러 날을 보낸 적이 있다. 그들은 처음으로 캄보디아 고아 사역과 관련해 포괄적인 조사를 했다. 이 고문은 정부에서 운영하는 고아원 21곳과 자선단체, 교회, 선교단체 등 여러 기관이 운영하는 고아원 88곳을 조사했다. 이 고아원들은 모두 합해 2만 명이 넘는 캄보디아 아이를 돌보고 있었다.[17] 국제연합이 캄보디아에서 에이즈로 부모를 잃은 아이의 수를 최소 7만 7천 명으로 추산한다는 사실을 알고 있던[18] 나는 나머지 아이들은 누가 돌보는지 걱정이 되었다. 게다가 에이즈 고아 5만 7천 명뿐 아니라 다른 이유로 부모를 잃은 아이도 많았다.

이 고아원들을 조사하고 나서, 유니세프 사람들은 아이들이 고아원에 들어가는 가장 큰 요인이 부모를 잃어서가 아니라 가난 때문이라는 결론을 내렸다. 그 자료를 들여다보면서, 나는 캄보디아 고아원에서 돌보는 대부분 아이의 부모가 최소한 한 명은 살아 있다는 사실에 놀랐다. 고아라는 뜻인 캄보디아 말이 '크멩 콤브리아'(kmeng kombria)인데, 그 말은 나이에 상관없이 부모 중 하나 또는 둘 다 잃은 사람을 뜻한다. 따라서 고아원 아이들의 부모가 한 명 이상 살아 있다는 사실이 잘못된 것은 아니었다. 유니세프 자료를 더 자세히 들여다보니, 고아원에 있는 아이 2만 명에서 2,265명만이 부모를 둘 다 잃은 아이라는 사실을 알 수 있었다.[19]

나는 서서히 캄보디아 고아원은 진정한 의미에서 고아의 필요를 채워 주지 못한다는 사실을 깨달았다. 고아원에 사는 아이가 대부분 가족이 너무 가난해서 돌보아 줄 수 없었기 때문에 거기에 있었다.[20] 어머니나 아버지, 할머니나 친척 누군가가 너무 살기 어려워서, 아이를 고아원에 보내는 것이 더 낫다고 생각하여 결정한 것이다.

난 프놈펜에 있는 많은 고아원을 방문했다. 그리고 그러한 조사 결과가 대체로 맞다는 사실을 알았다. 한번은 국제 기독교 선교단체가 운영하는 매우 크고 부유한 고아원을 방문했는데, 그곳이 거의 비어 있어 깜짝 놀랐다. 캄보디아 직원의 말에 따르면, 마침 그날이 크메르 물 축제 기간이라 아이들이 부모와 친척을 만나러 집에 돌아갔다고 했다.

또 한번은 이런 일도 있었다. 교회에서 한 여인이 자녀의 사진을 보여 주는 모습을 어깨너머로 보았다. 사진에는 자녀 말고도 다른 아이들과 백인 남자가 함께 있었다. "다른 아이들은 누구예요? 가운데 저 백인 남자는 누구죠?"

"아, 우리 아이들과 함께 고아원에 사는 아이들이에요. 저 백인은 고아원 관리 책임자고요." 그 여인이 태연하게 대답했다.

조사를 목적으로 네이와 나는 그 고아원을 방문하기로 했다. 방문해 보니 고아원을 세울 비전을 품고 유럽에서 캄보디아에 온 아름다운 선교사 부부였다. 우리는 그들이 우리 이웃의 아이들을 돌보는 이유를 물어보았다.

"그 부인은 너무 가난해서 아이들을 돌볼 수 없다고 하더군요." 그들은 어깨를 으쓱하며 말했다. "어쩔 수 없었어요."

유니세프 사람들이 조사한 다른 자료를 보면, 고아원에 지나치게 많은 남자 아이가 있다는 것을 알 수 있다.[21] 캄보디아 사회에서 여자 아이는 가사를 돌볼 수 있으니 남자 아이보다는 쓸모가 많기 때문이다. 또 캄보디아 사람들은 고아원에 사는 것을 하나의 특권으로 생각하기 때문에, 가족은 때때로 학교에 들어갈 나이가 된 남자 아이를 고아원에 보내 교육, 의료, 숙식 문제를 해결했다. 실제로 유니세프 사람 말에 따르면, 어떤 지역에 새로운 고아원을 세우면, 고아가 아닌데도 그 지역 가난한 가정들이 고아원에 아이를 맡긴다고 한다.[22] 고아원에 들어가려고 꾸민 이야기를 듣고 있노라면 눈물이 마를 새가 없다고 했다.

나는 전통적 고아원이 캄보디아에서 고아들을 돌보는 유일한 모델이 아니라는 사실을 발견했다. 일반 단체가 지지하는 가장 대중적인 접근법은 사원(절)에 아이를 맡기는 것이다. 많은 단체가 고아와 소외된 어린이를 돌보는 데 불교 승려와 긴밀한 관계를 맺고 일한다. 캄보디아 전역에는 3천 개가 넘는 불교 사원이 있다. 승려는 전통적으로, 캄보디아 사회에서 고아가 된 남자 아이를 돌보았다.[23] 하지만 종교 문제는 제쳐 두더라도, 나는 여러 가지 실제적 이유로 이 접근법을 심히 우려했다.

한 가지 분명한 문제는 보통 사원에서 여자 아이는 받지 않는다는 것이다. 그 결과, 형제 자매가 따로 살게 되고, 가족의 유대가 약해진다. 한 연구에 따르면 조사한 사원에 사는 캄보디아 고아 167명에서 여자 아이는 고작 9명뿐이었다.[24] 이 연구 결과를 읽으면서 나는 슬픔을 느꼈다. 적은 수의 어리고 약한 소녀가 남성이 지배하는 환경에서 사는 것

3부 캄보디아 고아들을 만나다

은 바람직하지도 않고 쉬운 일도 아니다.

연구 조사자와 마찬가지로, 나는 사원에 사는 고아의 영적 필요는 제쳐 놓고서라도, 심리·정서적 필요가 제대로 채워질 수 있는지 심각한 의문이 들었다. 승려는 고아들을 돌보려고 승려가 된 것이 아니다. 그들은 승려가 되고서 적절하든 적절하지 않든, 원하든 원하지 않든, 그냥 다른 사람들을 돌보는 사람이 되었다. 사원에서 신원 조사를 한다 할지라도, 고아들을 돌보는 승려의 배경을 점검할 방도가 없다. 따라서 고아들을 돌보는 승려가 아이들을 돌보는 일에 적합하지 않거나 그 일을 원하지 않을 가능성이 매우 크다.[25]

캄보디아 전역에 있는 모든 사원의 처지가 크게 다를 바 없다. 아이들은 사원에 머물며, 대부분 승려와 분리된 채 살아간다. 승려들을 도와주는 일을 할 때만 빼고 말이다. 아이들은 충분한 관심을 받지 못하며, 사원에 머무는 사람에게 대부분 제대로 대접받지 못한다. 그러니 세상 사람들이 사원 아이들을 제멋대로 행동한다고 생각하는 것도 무리가 아니다. 세상 사람들은 아이들을 '사원 개'라고 낙인찍었다.

캄보디아 고아들이 직면한 상황을 조사하면서 몇 가지 흥미로운 사실을 발견했다. 조사 자료를 수집하고 사원과 동네에 사는 고아들의 삶을 직접 보면서, 고아원을 세우겠다는 생각이 잘못된 것은 아닌지 의심이 들기 시작했다. 나는 고아를 돌보는 일을 조사한 다른 나라의 연구를 더 살펴보기로 했다.

이미 심리학, 사회학, 의학, 교육, 지역사회 개발 분야에서 고아원 생활이 아이들에게 미치는 영향을 연구한 자료가 많았다. 수십 개, 심지어 수백 개 연구가 지난 수십 년 동안 이루어졌는데, 사실상 하나같이 고아원을 비판하고 있었다. 가장 흥미롭고 유용한 연구는 고아원 아이들과 동네에 그대로 사는 고아들을 비교한 것이었다.

나는 모든 연구 자료를 정리하고 요약했다. 그 결과 특히 몇 가지 정서, 행동, 심리 문제가 두드러지게 나타날 수 있는 요인을 발견했다.[26]

예를 들어, 예일대학교 아동 연구소의 연구자들은 고아원에 있는 아이 75명과 입양 가정에서 자라는 아이 75명을 5년 동안 비교하며 조사했다. 고아원은 3층 건물로 청결하고 양호했다. 아이들에게 골고루 영양을 갖춘 식사와 탁월한 의료 환경을 제공했다. 연구자 프로벤스(Provence)와 립톤(Lipton)은 고아원 아이들이 입양아들처럼 자발적으로 장난감을 가지고 놀지 않으며, 또 언어 발달도 비교적 늦어진다는 사실을 밝혀냈다. 다른 분야에서도 고아원 아이들은 발달이 더뎠다. 특히 사회적 성숙이 늦었다. 하지만 그 아이들이 입양되면 극적인 변화가 일어났다. 물론 사람들, 특히 남성과 적절한 정서적 관계를 맺는 능력에 어느 정도 부정적인 영향력이 남아 있긴 했다.[27] 아이들은 접촉에 굶주려 있었다. 이러한 주장은 많은 연구에 반복해서 나와 있다.

고아원을 비판한 연구 내용을 읽고서, 나는 왜 이 연구자들이 그와 같은 우울한 결론을 도출했는지 그 이유를 생각하기 시작했다. 나는 고아원이 아이들을 돌보는 데서 생기는 부정적 영향은 큰 고아원에 있는 아이들에게만 해당한다고 생각했다. 가정 같은 화기애애한 고아원은 괜찮고, 접촉에 굶주린 아이의 문제를 해결할 수 있으리라 생각했다. 나는 사람들이 '고아원'이라는 용어보다 '보육원'이나 '어린이집' 같은 좀 더 가정적 단어를 선호한다는 사실을 알게 되었다.

그러나 '그룹 홈'(group home)에 있는 아이 776명을 조사한 또 다른 연구는 내 생각과는 다른 결과를 내놓았다. 이 그룹 홈은 각 시설에 아이 8-20명과 어머니 역할을 하는 사람을 배정해 가족 같은 분위기를 조성해 보려 했다. 연구자 율(Yule)과 레인스(Reynes)는 일반 아이보다 그룹 홈에 사는 아이에게 정서, 행동 장애가 상당히 많이 나타난다는 사실을 발견했다.[28]

그다음에 다른 분야로 눈을 돌려 고아원에 사는 것이 의학적 측면에서 어떤 영향을 끼치는지 살펴보았다. 나는 의학, 심리 차원에서 고아원이 아이들에게 미치는 부정적 영향을 조사한 최근 연구물을 10개 이상 발견했다. 부정적 영향에는 육체 및 뇌 발육 결함[29], 인지 문제, 언어 지체, 지각 통합 장애, 사회 행동 이상, 주의력결핍과잉행동장애, 애정 장애, 자폐증 등이 있었다.[30] 아주 흥미로운 사실은 이 고아원 아이들에게 나타난 자폐증이 입양 후 극적으로 개선되었다는 점이다.

이 같은 부정적 결과를 낳은 원인을 찾다가 데이비드 톨프리(David Tolfree)가 쓴 고전을 접하게 되었다. 그는 3년에 걸쳐 20개 국가에 있는 고아원을 조사하고서, 아이들을 고아원에서 돌보는 데 따른 부정적 영향의 이유를 다섯 가지로 요약했다.

- 고아원 아이들은 신뢰할 수 있는 어른, 특히 남성과 친밀한 관계를 맺을 기회가 부족하다. 따라서 아이들은 다른 사람들과 관계를 맺고 유지하는 능력을 키울 수가 없다. 기본적으로 아이들은 여러 어른과 관계 맺는 일이 필요할 뿐만 아니라 아버지 같은 사람이 필요하다.
- 고아원 아이들은 전통적인 역할과 기술을 배울 기회가 부족하다. 많은 청소년이 여러 가지 성인 역할에 대한 이해나 일상의 토대가 되는 풍습

과 전통에 대한 이해가 없이 고아원에서 자란다.
- 고아원은 아이들에게 뿌리 깊은 의존 의식을 심어 준다. 아이들은 자신감과 독립심을 기를 기회를 얻지 못한다.
- 고아원 아이들은 종종 가족 의식, 씨족 정신, 부족 정신 등을 잃어버린다. 아이들은 가족 및 조상과의 유대로 얻게 되는 안정감과 능력이 결핍된다. 그 대신, 부정적인 정체성을 형성하게 되고(예를 들어, 고아원 출신 아이), 그로 말미암아 세상 사람들의 낙인과 편견에 부딪히게 된다.
- 아이들이 가족과 접촉하지 못하면, 대부분 문화에서 가족과 지역사회가 전통적으로 제공하는 후원을 받지 못한 채 성인의 삶을 살게 된다.[31]

　데이비드 톨프리가 요약한 내용을 읽으며 공감했다. 무덤에 있는 조지 뮬러가 깜짝 놀랄 일이다. 그러나 나는 고아원이 미칠 수 있는 부정적 영향이 있음에도, 아이들이 굉장히 쾌활할 수 있다는 사실을 알았다. 하나님의 은혜로 아이들은 매우 어려운 환경을 딛고 일어설 수 있었다.
　고아원 모델에 결함이 있다고 해서 고아원을 운영하며 아이들을 돌본 많은 선교사와 조지 뮬러와 같은[32] 그리스도인들이 보여 준 따뜻한 마음과 희생정신을 과소평가해서는 안 된다. 하지만 나는 더 나은 본보기를 찾아보기로 결심했다.

Chapter 9 대리
어머니

내가 고민하던 문제에 결정적 통찰을 제공한 사람이 있었다. 그는 내가 캄보디아에 도착하기 10년 전에 죽은 상류층 영국인 존 볼비(John Bowlby, 1907-1990)였다. 그는 천재로, 20세기 가장 중요한 서너 명의 정신의학자 가운데 한 사람이다. 심리학이나 정신의학, 그와 관련된 많은 다른 과목을 공부하는 학생이라면 분리, 상실, 슬픔을 주제로 쓴 그의 책을 읽거나 들어 봤을 것이다. 볼비는 최근에 활동한 그 어느 인물보다 서양 세계에서 부모를 잃거나 부모와 떨어지게 된 아이들을 다루는 문제에 깊은 영향을 끼쳤다. 그가 엄마와 떨어져 사는 아이들에 대해 쓴 글을 읽으면서 내가 아는 고아들의 모습이 떠올랐다.

그가 열정을 불태우며 엄마와 떨어져 사는 아이들을 연구한 데는 자신이 영국에서 보낸 어린 시절에 겪은 고통의 영향이 컸다. 여섯 아이 중 넷째로 태어난 존은 전통적인 영국식 보모의 손에서 자랐다. 그는 매일 차를 마시고서 겨우 한 시간 동안만 엄마를 볼 수 있었다. 그 시간에 존의 엄마는 책을 읽어 주었다. 그리고 네 살 때 존이 사랑하던 보모가 떠났다. 그는 나중에 이렇게 썼다. "사랑스런 보모의 손에서 자라던 아이가 두세 살이나 네다섯 살 때 보모를 잃는 일은, 어머니를 잃어버리는 것만큼 비극적일 수 있다."[1]

볼비의 어머니는 어린아이를 버릇없게 만들까 봐 자녀가 사랑해 달라고 하면 정반대로 반응했다고 한다. 그에게 충격을 준 또 하나의 사건은 일곱 살 때 아버지가 전쟁터에 나가면서 자신을 기숙학교로 보낸 것이었다. 아마도 아들의 안전을 위해 그렇게 한 것 같다. 그러나 훗날 그는 아내에게 이렇게 말했다고 한다. "난 그 나이에 개 한 마리라도 집에서 내보내지 않을 거요."

인생 후반부에, 존 볼비는 촉망받는 정신분석학자요, 발달심리학자가 되었다. 그는 유명한 3부작 《애착》(나남 역간), 《분리》(*Separation*), 《상실》(*Loss*)을 포함해 150권이 넘는 책을 저술했다. 특히 이 3부작은 고아들을 다루는 문제에 매우 큰 영향을 끼쳤으며, 궁극적으로 서양에서 고아원을 폐지하는 데 기여했다.

1951년 세계보건기구는 볼비에게 제2차세계대전 동안 부모와 떨어져 살았던 것이 아이들에게 어떤 영향을 미쳤는지 조사해 달라고 부탁했다. 그 연구 결과물은 14개 국어로 번역되었으며, 오늘날 고아를 돌보는 일을 이해하는 데 엄청난 영향을 주고 있다.

볼비는 어른과 아이 사이에 양육 관계가 지속되는 것은 음식, 거처, 자극, 훈육을 제공하는 것만큼이나 아이의 생존과 건강한 발달에 중요하다는 확신을 갖게 되었다.[2] 그는 어린 시절에 어머니나 대리 어머니에게서 제대로 양육받지 못할 경우 아이의 건강, 성장, 성격 조정, 인지 능력 등에 치명적인 영향을 줄 수 있다는 사실을 알았다.

나는 캄보디아 고아원들을 여러 번 방문한 경험을 돌아보며, 볼비가 잘못된 점을 정확히 지적했음을 깨달았다. 언제나 내가 고아원에 도착하자마자 아이들은 내 주위로 몰려와 관심을 끌려 했다. 난 아이들이 전혀 알지 못하는 사람인데도 말이다. 어린아이는 내 다리를 붙잡고 사랑스럽게 나를 올려다보았다. 그러면서 자신들에게 절실히 필요한 양육과 사랑을 달라고 내게 무언의 간청을 했다. 그때 아이들이 막 달라붙고 관심 끌려는 모습을 보면서 귀엽다고 생각했는데, 지금 와서 보니 아이들은 진정한 양육을 받지 못해 그런 것이었다. 음식이 모자라기 때문에, 환경이 나쁘기 때문이 아니었다. 어른의 사랑과 관심을 받고 싶은 것이었다. 눈물이 흘렀다. 40명이 넘는 아이가 몇 명 되지 않는 직원의 사랑을 차지하려고 다투기까지 한다고 생각하니 마음이 찢어지는 것 같았다.

나는 볼비의 통찰을 고아원 모델 개선에 사용할 수 있을지 생각해 보았다. 고아원에서 충분한 '대리 어머니'를 고용해서 아이들에게 사랑과 양육과 관심을 준다면 어떻게 될까? 실제로 그렇게 시도한 적이 있었다. 유명한 아동 심리학자인 프로이트(Freud)와 버링햄(Burlingham)은 난민 아동을 돌보는 시설에 지원하면서 그 아이들의 경험에 대해 글을 썼다.[3] 이 심리학자들은 대리 어머니의 중요성을 잘 알고서, 보모 한 사람당 3-5명의 아이들로 된 작은 그룹을 형성했다. 미국 정부의 지원금 덕택에 아이들에게 청결한 위생 환경과 영양가 있는 식사를 제공할 수 있었다. 하지만 유감스럽게도 작은 그룹의 아이들은 보모를 소유하고 싶어 했다. 그 결과, 보모가 여러 가지 이유로 떠나야 했을 때, 아이들은 이전에 어머니와 이별하던 때만큼이나 괴로워했다. 이 사례 연구는 대리 어머니 역할을 하는 직원을 고용해 가족적인 분위기를 조성하려고 시도하는 시설의 문제점을 다시 한 번 일깨워 주었다. 직원들은 계속 떠날 것이고, 그들이 돌보는 아이들은 또다시 이별의 아픔을 맛보게 될 것이다. 직원들의 이직률이 높으면 높을수록 고통과 상처는 더 컸다. 입양 가정 역시 마찬가지다.

볼비는 사실, 아이들이 좋은 환경의 '시설'보다는 나쁜 환경의 '가정'에서 더 잘 자란다고 주장했다.

고아들에게 대리 어머니가 필요하다는 볼비의 글은 내 마음을 다시 아프게 했다. 그 후, 나는 유니세프의 조사 자료를 새로운 시각으로 살펴보았다. 특히 관심을 갖고 검토한 점은 아동과 직원의 비율이었다. 그것을 보니 얼마나 많은 아이가 직원의 돌봄을 제대로 받지 못하는지 알 수 있었다.[4]

캄보디아에서 조사한 고아원들은 직원 한 명당 아이 12-44명을 돌보고 있었다. 볼비가 이 사실을 안다면 나만큼이나 충격을 받을 것이다. 12-44명이 서로 경쟁해야 하는 상황에서 아이들은 어른의 관심을 충분히 받을 수 없으며, 또 대리 어머니의 양육도 제대로 받을 수 없다. 또 고아원 직원의 절반 이상이 하루에 7-8시간만 일한다.[5] 3%만이 어머니나 대리 어머니가 하는 것처럼 24시간 내내 아이들을 돌보았다.

나는 또 직원의 이직률을 면밀히 조사했다. 직원 이직률을 조사해 보면 아이들이 얼마나 자주 보모와 이별하는지, 아이들의 삶에서 대리 어머니 역할을 한다는 것이 얼마나 어려운지 알 수 있다. 조사한 100여 개 고아원에서, 지난 12개월 동안 직원 97명이 일을 그만두었으며, 226명이 같은 기간에 일을 시작한 것을 확인했다.[6] 이직의 주요 이유는 다른 일을 찾거나 더 많은 월급을 받기 위해서였다. 또 빈약한 업무 수행 능력, 규정 위반, 아동 학대와 구타, 절도와 부정 등으로 고용자가 해고한 경우도 많았다. 고아원은 절대 안정된 환경이 아니었다.

결국 고아원이 그리 대단한 해결책이 아니라는 결론에 도달했다. 사실, 캄보디아의 도시 빈민과 살면서 그 지역을 바꾸는 일에 참여한 경험이 있는 나는 고아원의 함정이 무엇인지 더 많이 생각하게 되었다.

첫째, 경제적 관점에서 볼 때, 고아원에서 아이를 기르는 비용은 매우 높았다. 처음에 건물을 짓는 데 돈이 들고, 그다음에는 유지비와 운영비가 있어야 한다.[7] 또 건물을 짓고 나서도, 건물 규모와 직원 수에 따라 제약을 받는다. 캄보디아 고아 7만 7천 명을 위한 고아원은 지을 수도 유지할 수도 없다. 전 세계에 흩어져 있는 1,400만 명의 고아는 말할 것도 없다.

고아원을 짓고 운영하는 데 필요한 많은 돈은 캄보디아 밖에서 지원받아야 하는데, 그러면 사역의 지속성은 줄어들고 외부 자금에 대한 의존성이 늘어난다. 나는 그 점을 크게 염려했다. 도시빈민선교회 사역 원리의 하나가 지역사회 자원으로 사역을 시작하는 것이기 때문이다. 때때로 사람들은 이렇게 말했다. "이 사람들은 가난해요! 우리가 돕고 싶습니다." 물론 나는 부자가 가난한 사람을 도와야 한다는 점에 전적으로 동의한다. 하지만 예수님조차도 가난한 자들을 참여하게 하는 일에 마음을 많이 쓰셨다. 실제로 예수님은 가난한 자들도 헌금해야 한다고 가르치셨다. 두 렙돈을 바친 과부와 오병이어를 드린 소년을 기억하라. 내가 프놈펜의 빈민가에 살면서 배운 한 가지가 있다면 그것은 "스스로 할 수 있는 일을 대신 해주지 말라"는 널리 알려진 격언이었다. 나는 서양인이, 특히 단기선교 팀이 이 원리를 계속해서 무시하는 것을 보았다. 그들은 마을에 도착해 2주 동안 머물면서 교회와 학교를 짓고 페인트칠을 한다. 그 결과, 가난한 캄보디아 사람들이 해야 할 한 가지를 빼앗아 버린다. 즉 땀을 흘릴 기회를 막는 것이다. 그것은 스스로 도울 수 있는 존엄성을 부인하는 셈이다.

나는 동네에 사는 아이들을 조사해 보았다. 그중에는 이미 부모를 잃어버린 아이도 있었다. 설사 빈민가라 할지라도 아이들을 친구, 가족, 이웃으로 이루어진 보호망에서 떼어 낸다는 생각은 정말로 내 마음을 아프게 했다. 아이들은 자신이 살던 동네에서 형제 자매와 함께 잘 살 수 있다. 형제 자매가 위로하고 지원해 주기 때문이다. 또 친척, 이웃, 소꿉친구, 문화, 유산, 땅과 연결된 채 삶을 이어 갈 수 있다.

유니세프 자료를 살펴보면서 캄보디아 고아원 아이들의 거의 절반이 부모나 친척 등 가족의 손에 이끌려 왔다는 사실에 슬픔을 느꼈다. 혈육의 손에 이끌려 고아원에 넘겨진 다음 혼란을 느꼈을 아이를 생각하니 마음이 몹시 아팠다. 그것이 아이들의 뿌리 의식과 친척 관계에 어떤 영향을 줄까? 그리고 아이들의 자존감에 어떤 영향을 줄까? 캄보디아의 한 고아원은 아이들에게 영어만 쓰도록 하여 그 상처를 악화시켰다.[8] 물론 좋은 의도로 그렇게 했다. 아이들이 영어를 잘해서 미래에 좋은 대학에 진학할 수 있기를 바랐기 때문이다. 그러나 언어학자와 인류학자는, 언어와 문화는 긴밀하게 연결되어 있으며, 따라서 집에서 모국어로 말할 권리를 부인하는 것은 아이들에게 문화유산과 연결될 중요한 기회를 부인하는 것이라고 이구동성으로 말한다.

살던 동네에서 떨어진 아이들은 어른으로 살아갈 준비를 할 수 없는 환경에서 자라는 것과 마찬가지다. 고아원처럼 세상과 등진 환경에서 살면 어른으로 살 준비를 제대로 할 수 없다. 다시 말해, 고아원 같은 시설은 사회 문제를 양산할 수 있다. 즉 그들이 살아야 할 지역사회에서 어울려 산 경험이 없는 청년이 고아원에서 쏟아져 나올 때 사회는 그 문제를 해결하기 어렵다.

고아원을 방문하면서, 아이들이 고아원 절차에 순응하고 질서를 지켜야 하는 데서 문제가 발생하는 것을 보았다. 언제나 독립적인 생활이라는 것은 있을 수 없다. 이것이 정상적 가정생활과 아주 다른 점인데, 성장해서 사회로 나가야 할 시점이 되면 심각한 문제를 유발한다. 간단히 말해, 고아원 아이들은 가정에서 자라면서 배워야 할 삶의 기술을 배우지 못하며, 그래서 고아원 바깥세상에서 부딪히는 삶의 문제를 해결하기가 매우 어렵다.[9]

또 한 가지 문제는 대부분 개발도상국에서처럼 캄보디아에서도 미성년자를 위한 법적 보호가 제대로 이루어지지 않는다는 점이다. 살던 동네를 벗어난 아이들은 부모 소유의 집, 땅, 유산에 대한 권리를 잃을 수 있다. 또 한 가족에 속한다는 소속감을 잃어버리게 된다.[10]

마지막 문제는, 고아원에서 학대가 일어난다는 것이다. 물론 학대는 고아원에서만 일어나는 것이 아니라 어떤 상황에서든 일어날 수 있으며, 또 실제로 일어난다. 친부모와 친척도 아이를 학대할 가능성이 있다. 그러나 고아원에서 일어나는 학대에는 더 많은 문제가 있다. 나는 많은 연구와 관찰 끝에 이 사실을 알게 되었다. 많은 사람이 내게 고아원에서 일어난 학대에 대해 귀띔해 주었다. 교회와 선교사가 운영하는 고아원도 예외는 아니었다. 외부인은 대체로 고아원에서 일어나는 일을 잘 알지 못하며 관심도 없다. 따라서 고아원에서 일어나는 많은 학대가 드러나지 않은 채로 있다. 고아원에서 학대당한 아이들은 그 사실을 알리고, 그 상황을 피하거나 외부인의 도움을 받기가 매우 어렵다. 게다가 아이들을 학대하기 쉬운 직원이 취약 아동에게 접근할 수 있다. 이 아이들은 전적으로 고아원에 의존하기 때문에, 오랫동안 학대가 계속될 수 있다. 특히 장애 아동은 학대당하기 쉽다.[11] 캄보디아 고아원을 대상으로 실시한 한 조사에 따르면, 대다수 고아원이 새로운 직원을 뽑을 때 신원 조사를 하지 않거나 심지어 이력서도 요구하지 않는다고 한다.[12]

고아원 아이들이 직원이나 나이 많은 아이에게 신체적, 성적, 정서적 학대를 당할 때, 안전을 보장하거나 또 다른 아이들에게 일어날지도 모를 학대를 예방할 수 있는 보호 장치가 마련되어 있지 않다.

고아원은 내가 만난 고아들을 돌볼 좋은 장소가 아니라는 사실을 확신하게 되었다. 하지만 다른 좋은 방안이 있을까? 내 여행은 시작에 불과했다.

Chapter 10 헤일로 프로젝트

주변 환경은 썩 좋지 않았다. 바싹 강은 크고 넓은 갈색 하수도로, 둑 위에는 누더기 같은 판잣집이 줄지어 있었다. 그곳은 수천의 가족이 모여 사는 삶의 터전이었다.

캄보디아 친구이자 동료인 오리(Oree)는 나를 좁디좁은 길로 이끌었다. 곧 작은 집이 산더미처럼 모인 곳이 나왔다. 두꺼운 판자와 골이 진 철판으로 만든 집이었다. 아이들이 시끄럽게 떠들면서 지나가고 남자들이 문간에 앉아 있었다.

나는 한 소년을 소개받았다. 슬프고 풀 죽은 모습을 한 열세 살의 사부엔(Savouen)은 그 집 주인이자 어린 여동생 라약(Layak)의 보호자였다. 오리는 에이즈로 죽어 가는 사부엔의 어머니를 돌보아 주었다. 약을 갖다 주고 침대 옆에서 기도하며 힘을 북돋아 주었다. 부모를 잃은 아이들은 현재 할머니 샐리(Sally)의 품에서 자라고 있다.

눈물이 그렁그렁한 샐리는 내게, 사부엔과 라약이 학비를 마련하려고 하루에 여러 시간 깡통과 병을 모으고 있다고 말했다. 샐리는 손자와 손녀를 많이 사랑했지만, 그들을 학교에 보내는 것은 너무 벅찬 일이었다. 그래서 아이들을 고아원에 보낼까 생각하고 있었다.

고아원이 여기저기 생기고 있긴 하지만, 아직 캄보디아에선 친척이 부모 잃은 아이들을 돌보아 주는 것이 가장 보편적인 방법이다. 수세기에 걸쳐, 샐리 같은 할머니들이 여러 가지 방법으로 캄보디아 고아들을 돌보는 일에 참여했다. 에이즈 때문에 캄보디아 할머니들의 부담이 너무 많이 늘고 말았다.

캄보디아에는 노인 연금이 없으며, 정부에서 제공하는 복지 혜택도 없다. 가족이 없는 노인은 종종 거리에서 구걸하는 노숙자 신세가 된다.

샐리같이 나이 든 보호자는 노환과 무기력증으로 고생한다. 따라서 가족을 부양하려고 돈을 벌기가 어렵다. 더구나 아이들을 돌봐야 하기 때문에 시간을 내기도 어렵다.

에이즈로 딸과 사위를 잃은 샐리는 심한 소외감을 느꼈다. 날 만날 무렵, 샐리는 정말 힘들어했다. 가죽만 남은 피부에 뼈 같은 앙상한 손가락으로 내 팔을 잡으면서 도와 달라고 애걸했다.

빈민가를 돌아다니면서 나는 캄보디아 전역에 샐리 같은 노인이 많다는 사실에 충격을 받았다. 그들은 어려운 환경에서도 활기를 잃지 않고, 에이즈로 부모를 잃은 손자녀를 돌보는 일을 담당했다. 세상 사람들은 손자녀와 조부모가 상호 관계라는 사실을 종종 간과한다. 손자녀는 자라면서 조부모에게 경제적·정서적·심리적 안정을 제공하고, 반대로 조부모는 어릴 때 손자녀를 돌보며 정서적으로 지원한다.[1] 조부모는 캄보디아 사회 지식과 전통의 소유자이자 전수자로, 수많은 캄보디아 고아의 교육에 큰 영향을 끼친다.

나는 고아 문제를 해결하는 이상적인 방법은 없다는 사실을 깨달았다. 그 누구도 그 무엇도, 어머니와 아버지를 대신할 수 없기 때문이다. 조금 더 낫거나 못한 대안만 있을 뿐이다. 하지만 고아원에 들어가 사는 것 외에 캄보디아 고아들이 선택할 수 있는 대안은 매우 적었다. 수십 년에 걸친 전쟁과 사회 붕괴에도, 캄보디아 사회는 이미 수천 명의 고아를 친척과 비공식적 사회 조직을 통해 돌보고 있었다. 전국 가정의 최소 5%가 자기 자식이 아닌 다른 아이들을 데려다 키운다. 하지만 이런 가정에서 20분의 1만이 외부 후원을 받는다.[2] 특히 노인과 여성이 가장 역할을 하는 가정이 어려움을 겪는다. 이미 극한 가난 속에 사는 그들은 없는 살림에 고아들까지 돌보느라 많이 힘들었다. 또 어린이와 십대가 가장 역할을 하는 집 역시 서로 의지하면서, 특히 그중 나이가 많은 형제 자매에게 의지하면서 살아남으려고 몸부림친다. 샐리네와 같은 가정은 무거운 짐 때문에 무너지고 있다.

네이와 나는 기도하면서 사부엔, 라약, 비잘, 에이즈에 걸린 다른 친구와 이웃을 위해 하나님이 우리에게 원하시는 일이 무엇인지 이야기했다. 고아원을 시작하는 것은 논외였다. 물론 조지 뮬러가 기도에 의지해 고아들을 돌봤다는 데는 깊은 감명을 받았다. 하지만 우리는 지역 그리스도인이 자기 동네에 사는 고아들을 돌보는 일에 동참하길 원했다. 도시빈민선교회의 다른 동료들도 많은 아이디어를 내놓았다. 네이는 이런 가정을 도울 수 있는 사역이 어떤 것인지를 고민하며 개요를 종이에 적었다. 나는 프로젝트 명칭을 '헤일로'(HALO)라고 하자고 제안했다. 그것은 '고아들을 위한 희망, 원조, 사랑'(Hope, Assistance and Love for Orphans)을 뜻하는 말이었다. '희망'은 고아들의 영적 필요를,

'원조'는 의식주 같은 육체적 필요를, '사랑'은 정서적·사회적 필요를 나타내었다. 몹시 무더운 밤, 프놈펜 빈민가의 작은 집에서 헤일로 프로젝트가 탄생했다.

우리의 비전은 캄보디아 사회가 교회의 인도를 받아, 자신들의 고아를 돌보도록 돕는 것이었다. 하지만 우리는 그 일이 구체적으로 어떻게 이루어질지 알 수 없었다.

우리는 일단 도시빈민선교회 에이즈 자택 간호 팀의 돌봄을 받는 HIV 양성 환자를 대상으로 사역하기로 했다. 그 당시 도시빈민선교회는 에이즈 환자 약 3백 명을 대상으로 사역했는데, 그중 많은 사람이 말기 환자였다.

우리는 오리와 이웃인 사림과 함께 새로운 목적 의식을 세우고, 강둑 빈민가를 방문했다. 대부분 환자가 부모였다. 어떤 사람은 아이가 무려 열 명이나 있었다. 우리는 집에 들어가서 그들의 손을 부여잡았다. 그들의 이야기를 듣고 함께 기도했다. 또 이야기를 나누면서 그 자녀와 놀았다. 여러 정보를 수집하고, 부모들의 사진을 찍었다. 이 정보와 사진은 훗날 아이들에게 소중한 추억과 자료가 될 것이다.

우리는 부모가 죽고 나서 이 아이들을 어떻게 돌볼지를 생각했다. 어느 일요일, 여느 때처럼 출석하고 있는 작은 크메르 교회에 갔다. 짧은 인생을 고통스럽게 살다 간 비잘이 다니던 바로 그 교회였다. 나는 비잘의 아이들이 어떠한 처지에 있는지 말했다. 과부와 고아를 돌보라는 성경의 명령을 강조하면서, 이 고아들을 위해 양부모나 대리 어머니가 되어 달라고 간절히 호소했다. "우리 이웃이 에이즈로 죽어 갑니다. 아이들은 고아가 되고 있습니다. 아무도 돌봐 줄 사람이 없는 아이들을 누가 나서서 도와주겠습니까?" 그리고 수사학적으로 질문했다. "누가 예수님의 손과 발이 되어 이 고아들을 돌보겠습니까?" 난 비공식적으로 고아들을 입양하는 일에 관심 있는 사람들의 이름을 적은 다음, 더 배우고 알기 원하는 사람들을 위한 훈련 과정이 있음을 공지했다. 캄보디아 동료와 자원봉사자와의 협력 망을 통해 더 많은 사람이 서명했으며, 그 결과 두 달도 되지 않아 참가자 수십 명과 함께 양부모 훈련 과정을 시작했다.

첫 시간에 우리는 캄보디아 고아의 통계를 이야기했다. 우리가 사는 빈민가에서 고아가 된, 개인적으로 아는 아이들 이야기도 했다. 그리스도인이라면 어떻게 반응해야 하는지도 나누었다. 그러면서 이 일에는 보수가 없다는 사실을 강조했다. 동기는 선하지만, 가난한 많은 사람이 일에 대한 보상에 관심이 있었기 때문이다. 다음 주에는 참석자의 수가 줄어들었다. 보수를 바라던 사람들이 오지 않았기 때문이다. 매주 우리는 교회에 앉아 영양 공급을 받아야 하는 아이들의 필요, 소소한 병을 처치하는 방법, 가르치는 여러 가지 방법, 다른 세부 계획 등을 토론했다.

그런데 자원봉사자가 크게 염려하는 문제가 하나 있었다. 그것은 에이즈 바이러스에 감염되지 않을까 하는 두려움이었다. 우리는 에이즈에 걸린 부모에게서 태어난 모든 자녀가 HIV 양성은 아니라는 사실을 알려 주었다. 도시빈민선교회에서 영양 진료소를 운영하는, 몸집이 큰 냥(Neang) 부인이 와서 자신이 매일 치료하는 아이들 이야기를 해주었다. 자신의 거대한 몸을 꼬집어 말하면서, 냥 부인은 영양 공급에 대해 알아야 할 사람이 있다면 바로 자신이라는 농담을 했다. 사람들은 고개를 끄덕이면서 온화하게 웃었다. 냥 부인은 계속해서 HIV 양성 어머니에게서 태어난 아이들에 대해 설명했다.

"잘 들으세요." 냥 부인은 토실토실한 집게손가락으로 요점을 가리켰다. "HIV 양성 어머니에게서 태어난 세 아이 중 한 명만 바이러스를 보유합니다. 또 우리가 출산 시 필요한 에이즈 항바이러스제를 아기 엄마에게 줄 수 있다면, 아기가 HIV 양성반응을 나타낼 가능성은 10분의 1 이하로 줄어듭니다. 특히 엄마가 아이에게 모유를 먹이지 않으면 그렇게 줄어들 가능성이 더 많습니다."

사람들은 에이즈로 고아가 된 아이들이 건강할 수 있다는 사실을 서서히 이해하면서 점잖게 고개를 끄덕였다. 냥 부인의 이야기로 사람들에게 있었던 두려움이 많이 줄어들었다. 사람들은 언제 아이들을 데려갈 수 있는지 물었다. 나는 면담과 적격 심사를 더 해야 한다고 설명했다.

교회 장로 중에 온티 린(Aunty Lin)이라는 사람이 있었는데, 훈련 과정 내내 깊은 인상을 주었다. 예리한 질문을 하고, 아이들을 위해 열정적으로 말하며, 다른 참가자를 존경했다. 그래서 나는 온티 린에게 나를 도와 적격 심사를 해 달라고 부탁했다. 그는 나보다 문화 이해도가 높았다. 솔직히 말해서 나는 그의 지혜가 필요했다. 온티 린과 함께 앞으로 양부모가 될 가능성이 있는 사람의 가정을 방문했다. 우리는 후보자의 동기를 살피면서, 그 집과 가족이 입양하기에 적합한지 평가했다.

한번은 면담을 하고서, 온티 린이 나를 한쪽으로 데리고 가더니 이렇게 물었다. "이 가족이 어떤 아이를 요청하는지 아세요?" "네, 알아요."

나는 고개를 끄덕였다. 하지만 사실 아주 정확히 알지는 못했다.

"제 생각에 그들은 집안일을 하고 가게 일을 도와줄 열두 살가량의 여자 아이를 원하고 있어요. 적합한 사람들이 아닙니다."

온티 린의 지혜로운 말을 듣고 기뻤다. 그는 각 가정에 대해 균형 잡힌 평가를 해줄 수 있는 사람이었다. 면담을 마치고 우리는 맨 처음에 입양하겠다고 나선 사람 가운데 훌륭한 가정을 추려 냈다. 온티 린이 일하는 것은 만족스러웠다. "온티 린, 가능하다면 계속 헤일로 프로젝트를 도와줄 수 있어요?" 난 함께 일해 달라고 부탁했다.

온티 린은 과부로, 예의 바른 십대 아이 다섯 명의 어머니요, 조카 두 명과 미혼의 남동생과 나이 든 부모를 책임지는 가장이었다. 온티 린 역시 심각한 재정 압박을 받고 있었다. 그의 가족은 모두 우리 집에서 500m 떨어진 나무집에서 살았다. 온티 린이 모든 가족을 부양해야 했기에, 보수 없이 헤일로 프로젝트를 위해 전임으로 일해 달라고 할 수는 없었다. 우리는 함께 앉아서 적당한 근로 계약서를 작성했다. 나는 가사 책임을 덜어 주기 위해 봉급을 약간 주기로 약속하고, 온티 린은 양부모 훈련 과정을 계속해서 돕기로 했다. 그리고 자발적으로 고아 두 명을 입양했다. 나는 하나님이 이 희생적인 봉사를 귀히 보시고, 고아 사역을 확장할 것과 온티 린의 삶을 크게 축복하실 거라 믿었다.

네이도 매일 바빴다. HIV 양성 부모를 방문하고, 그들이 처한 환경에 대한 정보를 수집했다. 우리는 달가워하지 않는 부모를 설득해서 그들이 죽고 나서 아이들을 돌보는 문제를 생각하게 했다. 종종 아무런 계획도 없이 부모는 이 세상을 떠나고, 아이들은 부모가 바라는 바가 무엇인지 모른 채 갑작스럽게 고아가 되었다. 죽음을 이야기하면 그것을 재촉하게 된다는 뿌리 깊은 미신 때문에, 많은 사람이 고아가 될 아이들의 미래를 거론하기를 주저했다. 우리는 그 문제에 지혜롭게 접근하는 법을 배웠다. "당신이 없다면 누가 아이들을 돌볼까요?" 그러면 그들은 거의 이구동성으로 대답했다. "저는 아이들이 도시빈민선교회 고아원에서 살았으면 좋겠어요!" 우리는 다시 한 번 사람들이 고아원을 아이들이 자라기 좋은 장소로 생각하고 있음을 확인할 수 있었다.

"우리는 고아원을 운영하지 않습니다. 다른 계획은 없으신가요? 할머니나 아주머니나 다른 친척은 없으신가요?" 우리는 그들이 모든 것을 다 솔직히 이야기해 줄 거라고 생각하면서 물었다. "물론 있지요. 하지만 너무 가난해요. 아이들을 돌볼 수가 없어요." 때때로 어떤 부모는 친척이 있는 사실을 숨기려 했다. 그래야 있지도 않은 우리 고아원에 들어갈 가능성이 많아진다고 생각했기 때문이다. 우리는 제대로 질문하고 창조적 방법으로 중요한 정보를 얻어 내는 기술을 길렀다. 예를 들어, "친척이 있습니까?"라고 물으면 보통 부정적으로 반응할 가능성이 크다. 따라서 그 대신 "이 마을이나 옆 마을에 사는 친척이 있나요?"라고 묻거나 아니면 "여동생은 무슨 일을 하나요?"라고 물었다. 우리가 잘못 짚었다면, 그들은 그냥 여동생이 없다고 말할 것이다. 그러나 많은 경우에 큰 어려움 없이 사실과 가까운 정보를 얻을 수 있었다.

우리가 조사하고 경험한 바로는, 사실상 확대가족이 캄보디아 고아들을 돌보는 일에 주요한 역할을 담당한다. 할머니 다음으로 캄보디아에서 고아를 돌보는 두 번째 주요 인물은 숙모와 삼촌이었다. 주로 여성인 친척은 자신의 아이와 함께 고아들을 돌보는 경우가 많았다. 하지만 이런 가정에서는 고아들이 공평한 대접을 받지 못한다고 비난하는 사람들도 있다. 물론 친척의 손에 착취와 학대를 당하는 경우도 많다. 하지만 대부분 아이는 확대가족에게서 사랑, 돌봄, 양육을 잘 받는다.[3]

우리는 제대로 알아보지 않고 확대가족에 아이들을 입양시키는 것은 바람직하지 않다는 사실을 알았다. 따라서 주의 깊게 사전 조사를 하고 사후 점검을 하여, 헤일로 프로젝트에 차질이 없도록 전력을 다했다. 분명한 사실은 새로 아이가 들어오면 그 가정에 부담이 더해진다는 것이다. 입양 후, 어려운 가정에 경제, 심리적 압박이 가중되었다.

온티 린은 우리를 따라다니면서 가정들을 방문했다. 그리고 각 상황에 적절하고 실제적인 조언을 해주었다. 그는 우리가 도저히 얻을 수 없었던 중요한 정보를 알아냈다. 이웃과 가족 구성원들과 자연스럽게 이야기를 나누면서 각 가정이 직면한 문제를 정확히 알아냈다. 또 각 가정에서 구성원 한 명의 역할을 능수능란하게 해냈다. 판잣집의 나무 마루에 전통적인 크메르 방식대로 다리를 한쪽으로 구부려 앉아 소녀의 머리를 땋아 주거나 소년의 머리에서 이를 잡아 주었다. 또 온티 린은 당면 문제 때문에 어려움을 겪는 가정의 가사를 도와주었다. 종종 기주올 거러케서 교회에 나오게 하기도 했다. "교회에서 당신을 도와 줄 거예요. 교회는 살기 어려울 때 당신을 도와주는 새로운 가족 같은 곳이에요." 온티 린은 꾸준히 사람들을 설득했고, 사람들은 자주 교회를 찾아왔다. 온티 린은 고아들에게 하늘에 계신 아버지를 이야기해 주기도 했다. "하나님은 절대 너희를 떠나거나 버리시는 경우가 없단다."

온티 린은 일을 참 잘했다. 모든 것이 잘 진행되는 듯했다. 하지만 네이와 나 사이에 문제가 있었다.

Chapter 11 부부갈등

네이와 함께 일하기가 결코 쉬운 일이 아님을 깨달았다. 매일 슬프고 고통스러운 상황을 접하다가 저녁이 되어 좁은 집에 돌아오면, 신경이 예민해질 대로 예민해져 서로 부딪칠 수밖에 없었다.

결혼한 지 몇 년 되지 않은 우리는 여전히 다른 사람과 함께 산다는 것이 무엇인지 배우고 있었다. 사실 서로 여전히 알아 가고 있었다. 우리는 예전에 다섯 가지 사랑의 언어를 설명한 책과 성격 유형이 나온 책을 함께 읽은 적이 있다. 또 저녁 시간에 텔레비전을 마다하고 오랜 시간 우리의 차이점에 대해 토론하기도 했다. 거의 모든 점에서 우리는 정반대였다. 나는 말로 상대를 칭찬하고 격려하는 일을 잘하는 반면, 네이는 말만으로는 감동하지 않고 쉽게 상대의 뜻을 받아들이지도 않았다. 네이는 함께 양질의 시간을 보낼 때 활기를 띠는 편인데, 나는 과업 지향주의라 앉아서 명상하는 것은 딱 질색이었다.

그동안 우리는 헤일로 프로젝트의 공동 지도자 역할을 맡았다. 그러나 그 사역을 어떻게 진행해 나갈지 각자 확신에 차서, 때론 서로 공존

할 수 없는 생각을 하고 있었다. 한번은 네이가 가족 자료를 알아볼 수 있는 서류 시스템을 고안해 낸 적이 있었다. 내가 볼 땐 별로 쓸모없는 서류 더미가 될 가능성이 많았다. 그래서 나는 아내 모르게 틈틈이 저녁 시간을 이용해 노트북에 적합한 데이터베이스를 만들었다. 어느 날 밤 자랑스럽게 내 작품을 공개했다. 하지만 네이는 아무 말 없이 시무룩해졌다. 아내가 별 반응을 하지 않자 화가 난 나는 이를 악물고 물었다. "대체 왜 그래요?" 그러자 아내가 뾰로통하게 대답했다. "내가 이미 이 모든 자료를 정리할 수 있는 서류 시스템을 만들어 놓았잖아요. 컴퓨터가 필요 없단 말이에요. 컴퓨터가 고장 나면 어떻게 할 거예요? 당신이 만든 시스템으로는 내가 원하는 모든 정보를 담을 수가 없어요."

나는 애원하고, 설득하고, 토론하고, 화를 냈다. 하지만 아내에게 확신을 주지는 못했으며, 마침내 서로 심한 말을 주고받았다. 우리는 그날 냉담하게 등을 돌린 채 날밤을 샜다. 최후의 대결로 가고 있었다.

사역과 관련한 문제를 집까지 가져와서 이야기한 것이 화근이었다. 결국 우리는 이웃에게 부부 싸움하는 모습을 보여 주고 말았다. 말다툼할 때 나는 목소리를 낮춘 채 격렬하면서도 절제된 목소리로 이야기하려 했다. 그러나 네이는 있는 그대로 소리를 질렀다. 난 아내가 쓸데없이 신경질을 낸다고 생각했다. 부부 싸움으로 동네에 복음을 전하는 일에 방해가 될까 봐 염려되었다. 그러나 빈민가에서 남이 모르게 격렬하게 싸운다는 것은 있을 수 없는 일이다.

시간이 지나면서 빈민가에서 어렵게 사는 모습을 있는 그대로 드러내는 것이 그리 나쁘지 않다는 사실을 깨달았다. 한 동료가 말한 것처럼, 빈민가에 살면서 소심한 신문 기자 클라크 켄트가 순식간에 슈퍼맨이 되는 것처럼 변신하기란 불가능하다. '사역하러' 집을 나설 때마다 영적 자존심을 세우려고 가면을 쓸 수는 없다. 흥미롭게도 이웃은 우리도 똑같은 인간이라는 점을 그대로 보여 주었을 때, 우리가 전하는 기독교를 더 가깝게 느끼는 것 같았다. 이웃 사람들은 그리스도인의 삶을 살려면 꼭 성인이 되어야 하는 게 아니라는 사실을 깨달았다.

그러던 어느 날 밤, 네이와 나는 지금은 기억나지 않는 어떤 일로 심하게 다투었다. 네이는 울고 나는 몹시 화가 났다. '꽝!' 네이가 문을 닫고 나가 버렸다. 그때가 밤 11시경이었는데, 야심한 시각에 거리로 뛰쳐나간 아내를 걱정하다 보니 어느새 분노는 사라졌다. 바로 아내를 따라 밖으로 나갔지만 아내는 이미 없었다. 아내가 눈물을 흘리면서 근처에 있던 릭샤를 타고 어디론가 급히 사라졌다고 누군가 이야기해 주었다. 사다리에 앉아 아내를 걱정하며 안절부절못하다, 한편으로는 아내의 어리석은 행동에 화가 났다. '대체 어디 간 거야? 이 빈민가에서 밤에 나가다니, 얼마나 위험한지 잘 아는 사람이…. 아주 내 속을 태우려고 작정을 했군. 선교회 시설에 간 걸까? 무슨 일이 있는 건 아니겠지?' 머릿속이 여러 가지 생각으로 복잡했다. 나 자신이 완전히 실패한 사람 같았다. 그날 밤은 정말 길고 어둡고 지루했다. 하지만 아침이 밝아오면서 새로운 깨달음을 얻었다. 잠시 후 네이가 문 앞에 나타났다. 우리는 서로 껴안았다.

"어디 갔었어요?" 나는 애처로운 목소리로 말했다.

"시내에 있는 싸구려 호텔에서 잤어요."

우리는 정말 성인과는 거리가 멀었다. 하지만 캄보디아 이웃은 전혀 개의치 않았다. 그들은 다 이해한다는 듯이 웃으면서 나지막하게 말했다. "아무리 금슬 좋은 부부라도 살다 보면 다투기 마련이지요." 그들은 우리가 말다툼하는 모습을 보고, 우리는 그들이 티격태격하는 모습을 보았다. 종종 폭력까지 쓰며 싸우는 모습을.

설상가상으로, 캄보디아 선교사로서 사역하는 데 네이와 나의 조건은 많이 달랐다. 네이는 뉴질랜드에서 자랐지만 항상 조국으로 돌아가 캄보디아 사람들을 섬기려는 소명을 품고 살았다. 그러나 캄보디아에 도착한 직후, 네이는 캄보디아가 자신이 생각하던 고향이 아니라는 사실을 깨달았다. 캄보디아에서 사는 것이 익숙하긴 했지만 분명히 고향은 아니었다. 돌아온 캄보디아는 어딘지 모르게 어색했다. 그렇다면 고향은 어디란 말인가? 도대체 네이는 어느 나라 사람인 걸까?

게다가 네이는 중국계 캄보디아인으로, 대부분의 캄보디아 사람과는 외모가 달랐다. 그래서 사람들은 네이를 일본인이나 한국인으로 자주 오해했다. 네이를 캄보디아 사람으로 보는 사람도 때로 있었지만, 외국인으로 볼 때가 훨씬 더 많았다. 뉴질랜드에서 많은 시간을 보냈기 때문에, 네이는 크메르어에 아주 서툴렀다. 캄보디아 사람들이 자기 나라 사람이라고 생각할 만큼 유창하게 크메르어를 하지 못했다.

엎친 데 덮친 격으로, 캄보디아는 여전히 매우 가부장적인 사회다. 물론 캄보디아 여성은 역사적으로 다른 아시아 국가의 여성보다 강했지만 말이다. 곤혹스럽게도 종종 나는 존경을 받는데 네이는 완전히 무시당하기도 했다. 새로운 교회를 찾아갈 때 그런 일은 다반사로 일어났다. 목사는 내게 달려와 반갑게 인사했지만, 옆에 있는 네이는 완전히 무시했다. 예배드리는 동안에도 백인인 날 환영하는 순서는 공식적으로 있었지만 네이는 언급하지도 않았다. 네이는 아무 말도 하지 않고, 이 어처구니없는 상황을 씩씩하게 잘 견뎌 냈다. 그러나 나는 네이가 낙심한 것을 알아차렸다. 이런 식으로 네이가 계속 과소평가되는 것을 보니 많이 괴로웠다.

아무래도 이 문제를 꼭 해결해야 할 것 같았다. 네이와 나는 이 문제들을 해결하려면 외부의 도움이 필요하다고 판단했다. 우리는 조용히 전문 상담자를 찾아가서 여러 번 상담을 받았는데, 제법 유익했다. 이런 과정에서, 이처럼 스트레스를 많이 받으면서 함께 사역하고 비좁은 환경에서 함께 사는 생활을 오래 지속하긴 어렵다는 사실을 깨달았다. 분명히 어떤 변화가 필요한 시점이었다. 네이는 헤일로 프로젝트를 이끄는 책임을 나와 온티 린에게 넘기기로 했다.

또 네이는 에이즈 자택 간호 프로젝트에서 만나는 가족들의 처절한 상황을 보면서 심리적으로나 정서적으로 깊은 상처를 받았다. 리더십을 이양하자 네이의 상태는 정말 많이 좋아졌다. 에이즈 환자들의 절망적인 상황을 보고 스트레스를 받으면서, 아이들을 위해 계속 분투하는 것도 네이에겐 견디기 힘든 짐이었다. 이러한 가정들을 방문하는 일을 그만두자, 네이는 다시 쾌활하고 긍정적인 여인의 모습을 되찾았다. 나중에 다시 힘든 사역에 뛰어들었지만, 활기차게 맡은 일을 잘 감당해 나갔다.

Chapter 12 **사창가 사역**

네이는 매주 사창가를 방문하기 시작했다. 그곳은 재닛 콘월 박사와 캄보디아 그리스도인 동역자인 소쿰(Sokum) 부인이 매춘부 80여 명을 위해 진료소를 운영하는 곳이었다. 사창가는 또 하나의 빈민가 같은 곳이었다. 아이들과 개들이 진흙탕 길에서 뛰어놀고, 안에는 성매매를 하는 작은 방들이 있다. 네이는 이 골목에 있는 소녀들과 사귀려 했는데, 곧 그들과 친해질 수 있었다. 네이는 매주 빈민촌 진료소를 찾아가서 성병 치료법을 배웠다.[1] 얼마 지나지 않아 다른 사람에게 의학적 도움을 줄 수 있게 되었다. 네이는 수많은 밤, 침대에 누워 자신이 만난 소녀들 이야기를 해주었다. 소녀들의 이야기를 듣고 있자니 마음이 찢어질 듯 아팠다. 어두워서 잘 볼 수는 없었지만, 네이는 조용히 눈물을 흘렸다. 때론 마음이 너무 아프고 어려워서 네이에게 그만 하라고 부탁하기까지 했다.

어느 날 밤, 네이는 열여덟 살 난 렛(Ret)에 대해 말했다. 렛은 사창가에 막 들어온 풋내기인데, 참한 얼굴을 한 순진한 아이였다. 시골 출신으로, 빚이 많은 가족은 렛에게 공장에 가서 돈을 벌어 오라고 도시로 보냈다. 그러나 옷 공장에 일자리를 구하려면 경비원과 감독자에게 돈을 바쳐야 했다. 렛은 일자리를 얻는 데 필요한 30달러를 마련할 길이 없었다. 그렇게 몇 주 동안 그나마 얼마 되지 않는 돈마저 다 써 버린 렛은 끔찍한 결정을 내려야 했다. 가난과 빚에 시달리는 가족에게 빈손으로 돌아갈 것인가, 아니면 유일하게 일할 수 있는 사창가에서 몸을 팔 것인가? 렛은 다른 대안이 없었다. 한 친구가 사창가를 소개했을 때, 렛은 며칠만 그곳에서 일하고 돈을 벌어 가족이 진 빚을 갚고 돌아가겠다고 다짐했다. 그러나 캄보디아 전역에서 일하는 7만 명의 다른 매춘부들처럼, 한 번 발을 들여놓은 그곳에서 빠져나오기가 어려웠다. 사창가 주인은 얼마 되지 않아서 렛에게 방세와 생활비로 많은 빚을 지웠다. 게다가 매달 얼마를 경찰에게 갖다 바쳐야 했다. 사창가 주인은 그것마저 렛에게 떠넘겼다. 또 술주정뱅이와 폭력배에게 맥주 한 캔 값도 되지 않는 돈을 받고 몸을 팔아 봤자 별로 남는 것이 없었다. 며칠이 되지 않아서 렛의 얼굴에는 부스럼이 잔뜩 돋고, 힘이 빠지고, 눈에서 생기가 사라져 버렸다. 렛은 벌써 스물네 명이나 되는 고객을 받았다. 하지만 그다음부터는 세는 것을 포기했다.

네이는 렛 같은 소녀들에게 사창가를 떠나라고 열심히 설득했다. 특히 소녀들이 처음 사창가에 왔을 때 집중적으로 설득했다. 곧 지쳐서 체념하기 때문이다. 어느 날 렛은 네이에게 속마음을 털어놓았다. "더는 사창가에서 못 살겠어요. 여기 있는 많은 친구가 에이즈에 걸렸어요. 저도 에이즈에 걸리면 어쩌죠? 너무 두려워요." 또 밤낮으로 몸을 팔고 학대를 당하면서 렛의 몸과 마음이 망가지고 있었다. 네이와 재닛은 다음 날 사창가 바깥에서 렛을 만날 수 있도록 조치를 취했다.

다음 날, 누가 쫓아오지 않나 사창가 골목을 어깨너머로 슬쩍 뒤돌아보면서, 렛은 재닛이 기다리는 릭샤에 뛰어들었다. 그들은 안전한 집으로 재빨리 피신했다. 도착하자마자 렛은 크고 조용한 건물을 의심스러운 표정으로 올려다보았다. 자신이 내린 결정을 확신하지 못하는 것 같았다. 이제 살게 될 곳은 시끌벅적한 빈민가 골목과는 너무 달랐다.

나중에 렛은 '안전한 집'에서 도망쳐 사창가로 되돌아갔다. '혹시 뭔가 다르게 행동했더라면 다른 좋은 결과를 낳지 않았을까?' 네이는 자책하며 아쉬워했다. 위기에 처한 소녀들을 보호하는 기독교 안전 가옥은 강 너머에 새로 단장했는데, 몸과 마음을 망치는 사창가에 대한 대안으로 마련한 것이었다. 그곳에서 직업 훈련 과정을 개설하여 소녀들이 정상적으로 돈을 벌 수 있도록 가르치고, 매달 약간의 용돈을 주었다. 네이는 새로 마련한 안전한 집에 가서 렛처럼 사창가를 빠져나온 소녀들을 보살펴 주었다.

그 후 몇 달, 몇 년에 걸쳐 소녀들이 사창가를 빠져나왔으며, 또 더 나은 삶을 찾아 안전한 집을 떠난 소녀도 있었다. 이들을 보고 보람을 느낀 네이는 이 일을 계속했다.

사창가 진료소는 정기적으로 소녀들에게 콘돔을 나누어 주었다. 우리는 사람의 생명을 구하는 것이 기독교 확신에 부합한다고 생각했다. 특히 여성이 경제적·사회적 이유로 덫에 걸려들기 쉬운 상황에서는 더욱 그렇다. 캄보디아에서 HIV는 보통 매춘부에서 남편에게, 남편에게서 아내를 거쳐 새로 태어나는 아이에게 전염된다. 우리는 수많은 사람을 죽이고, 수많은 고아를 양산하는 이 악순환의 고리를 끊어 버리길

원했다. 그래서 사창가에서 일하는 여성들에게 콘돔을 나누어 주는 일 외에도 릭샤 운전사와 실업 청년 들을 찾아가서 에이즈 예방 교육을 실시했다. 행동의 결과가 무엇인지 경고하고, HIV와 에이즈에 대해 잘못 알고 있는 사실을 바로잡아 주었다. 예를 들어, 많은 사람이 겉으로 건강하게 보이는 사람은 HIV 양성이 아닐 거라고 생각한다. 그러나 그것은 잘못된 생각이다.

우리는 기억하기 쉽게 ABC 메시지를 만들었다. A는 '결혼 전에는 절제하라'(Abstinence), B는 '배우자에게 충실하라'(Be faithful), C는 A와 B를 실천할 수 없다면 '콘돔을 사용하라'(Condom)는 것이었다. 우리는 당구장, 술집, 카페, 사람들이 모여 있는 빈민가 거리를 찾아가 에이즈 예방 교육을 했다. 논란의 여지가 있지만, 그것은 에이즈가 만연한 전 세계에 그리스도인이 전할 수 있는 효과적인 메시지다.

때때로 우리는 복음을 타협한다는 비난을 받았다. 어떤 사람은 도시빈민선교회가 사창가에서 벌어지는 죄악에 반대하는 목소리를 내야 옳다며, 콘돔을 사용하게 해서는 안 된다고 했다. 그것은 죄를 묵과하거나 심지어 조장하는 것과 다를 바 없기 때문이라는 것이었다. 나는 할 수만 있다면 이렇게 말하는 사람들을 초청해, 우리 골목에 사는 소녀들을 만나 보게 하고 싶다. 그래서 그들의 이야기를 들어 보고, 그들이 어떤 어려움에 빠져 있는지 본 다음에 결정하라고 하고 싶다. 콘돔을 주지 말고 그들이 얼마 안 가 죽게 내버려 둘지, 아니면 탈출구를 만들어 줄지를 말이다. 그렇게 말하는 사람을 초청해, 술에 취한 아버지가 매춘부를 찾아갔다가 아무런 잘못도 없는 아내에게 에이즈를 옮기는 바람에 고아가 된 어린아이 여덟 명의 눈을 들여다보게 하고 싶다. 그리고 부모를 잃은 그 아이들에게 말해 보라고 하고 싶다. "얘들아, 너희 아버지는 죽어 마땅한 나쁜 짓을 했기 때문에 나라면 너희 아버지 같은 사람에겐 절대 콘돔을 주지 않았을 거다"라고.

어느 날 나는 프놈펜을 방문한 매우 유명한 미국인 전도자를 안내해 달라는 부탁을 받았다. 그가 도시빈민선교회 사역을 직접 보고 싶어 한다는 것이었다. 그런데 우리가 돌보는 한 에이즈 환자의 좁은 집에 들어갈 때 그는 카우보이 장화를 벗지 않겠다고 우겼다. 그때부터 난 앞으로 이 사람이 문제를 일으키리란 사실을 알아챘다. 캄보디아 문화에서 남의 집에 신발을 신고 들어가는 것은 매우 무례한 짓이다. 하지만 그는 내가 좋게 말해 주어도 아랑곳하지 않았다.

그를 만나기 전, 동료들은 그가 콘돔 사용을 반대한다는 사실을 내게 귀띔해 주었다. 그래서 나는 그를 안내하는 것을 조금 주저했다. 그러자 동료들이 말했다. "괜찮아, 크레이그. 우린 선교 최전선에서 일하고 있으니까 아마 그분도 우리 상황을 이해해 줄 거야." 그런데 유감스럽게도 그가 방문하는 날이 태국에서 개최한 국제 에이즈 대회와 겹치고 말았다. 텔레비전마다 콘돔으로 만든 모자와 옷을 쓰고 입은 활동가들이 여기저기 뛰어다니며 전 세계에 만연한 에이즈의 유일한 해결책은 콘돔밖에 없다고 외치는 모습을 방영했다.

난 카우보이 장화를 신은 이 미국인 전도자가 까다로운 사람이란 것을 알았다. 그는 에이즈 활동가에 대해 계속 언급하다가 자유주의 그리스도인이 콘돔을 퍼뜨리고 있다고 함부로 말했다. 나는 도저히 참을 수가 없어서 한마디 쏘아붙였다. "우리는 복음주의자입니다. 하지만 어떤 상황에선 콘돔을 나누어 주는 것이 생명을 존중하는 기독교 신념에 전적으로 맞는다고 판단했습니다. 우리가 저지른 죄 때문에 처벌을 받아야 한다면, 우리 가운데 살아남을 수 있는 사람이 얼마나 되겠습니까? 안 그렇습니까?"

그러자 그는 차가운 눈빛으로 나를 쳐다보면서 소리를 질렀다. "자네는 예수님이 거리 모퉁이에 서서 콘돔을 나누어 주셨을 거라고 생각하는 것 같은데? 예수님이라면 어떻게 하셨겠는가? 예수님은 사람들의 육체를 구원하는 일에는 관심을 갖지 않으셨다네. 그분은 사람들의 영혼을 구원하기 위해 십자가에서 죽으시고 다시 살아나셨지. 그것이 바로 복음이야. 알겠나?"

나는 있는 용기를 다 내서 그를 똑바로 쳐다보았다. 그 사람이 세계적으로 유명한 전도자요, 매우 존경받는 그리스도인 지도자라는 사실을 애써 외면하려 했다. "선생님, 만약 따님이 매춘을 할 수밖에 없게 된다면 어떻게 하시겠습니까? 선생님은 사랑이 넘치는 그리스도인들이 와서 하나님의 은혜로 딸을 섬기면서, 사창가에서 구출해 낼 때까지 딸이 살아 있도록 콘돔을 나눠 주기를 바라지 않으실까요?"

그는 분노를 억제하느라 안간힘을 다했지만 몹시 화가 났음을 알 수 있었다. 이 젊은 건방진 녀석이 누구인가 하고 노려보았다. 그러다가 손을 휘저으면서 점잔을 빼곤 한마디 훈계를 했다. "잘 듣게나, 젊은이. 나는 자네보다 인생을 더 많이 살았단 말일세."

그것으로 우리 만남은 끝났다. 몹시 열을 받았지만 이미 충분히 내 입장을 밝혔다고 판단했다. 나중에 그 지도자가 이끄는 모임에서 나에 대한 고약한 말이 많았다는 말을 전해 들었다. 기분이 나빴지만, 내가 하는 일을 솔직히 말할 수 있었다는 사실에 자부심을 느꼈다. 사창가 소녀들이나 에이즈로 고통당하는 가정에게 그것은 단순히 작은 신학적 의견 차이가 아니라 생사가 달린 문제였다. 카우보이 장화를 신은 그 미국인 전도자에겐 자신이 좋아하는 것을 말할 자유가 있다. 하지만 나는 편안히 책상에 앉아서 쉽게 남을 비판하는 사람이 아니라, 고통당하는 사람들의 눈을 들여다보고 그들과 함께 살아야 하는 사람이다.

네이는 그런 이야기를 듣고도 전혀 개의치 않았다. 그저 소녀들 가운데서 변함없이 은혜의 복음을 따라 살아갔다. 하지만 우리 동네와 가정에서는 많은 변화가 일어나고 있었다.

PART 4

프놈펜 빈민가, '엔드 오브 더 로드'에 들어가다
(2003년)

Chapter 13 엔드 오브 더 로드

사진이 찍힌 서류를 손에 든 동네 주민들은 충격을 받은 채 서서, 다가온 퇴거에 대해 진지하게 이야기를 나누었다. 여러 해 동안 캄보디아 정부가 우리 동네 하천을 커다란 운하로 만들 거라는 소문이 돌았는데 마침내 올 것이 왔다. 하천 옆에 땅을 소유한 사람들에게는 시외에 큰 땅을 마련해 주었다. 하지만 그들은 곧바로 그 땅을 투기꾼들에게 몇 달러에 팔아넘겼다. 우리 같은 세입자들은 아무런 보상도 받지 못한 채 다른 장소를 찾아야만 했다. 보통은 도시 내의 다른 빈민가로 들어간다. 우리는 퇴거 지역에서 조금 떨어진 곳에서 살았는데, 새로 커다란 하수도를 만들고 대부분 이웃 사람이 떠나는 바람에 동네는 예전 같은 느낌이 나지 않았다.

네이가 첫아이를 임신한 지 일곱 달이 되었다. 빅토리 크릭 브릿지에 산 지 3년째, 우리는 하나님이 이사를 인도하신다고 느꼈다. 이웃과 눈물을 흘리면서 작별 인사를 나누었다. 불확실한 미래를 앞둔 친구와 이웃을 뒤로하고, 네이와 나는 아이를 낳으려고 뉴질랜드로 돌아왔다.

뉴질랜드에서 네이는 사흘 동안 산고를 겪고서 아들을 낳았다. 4Kg이 넘는 아이였기에, 체구가 작은 네이로서는 그 아이를 낳는 일이 버거웠다. 마침내 의사는 제왕절개를 하자고 했다. 어렵게 낳았지만 아이를 보자 우리는 고통을 다 잊고 마냥 기뻐했다. 우리는 네이 아버지 제이유(Jayu)를 기념하기 위해 이미 아이의 이름을 제이든(Jayden)이라고 지어 놓았다. 나중에 그 이름이 느헤미야서에 나오는 것을 발견하고 몹시 흥분했다(느헤미야 3장 7절에 나오는 야돈, 영어로는 'Jadon'). 그 이름은 느헤미야 성벽을 건설하는 자들의 명단에 포함되어 있는데, 히브리어로 '하나님은 들으신다'라는 뜻이다. 우리는 그 이름을 부르며 하나님이 가난한 자들의 부르짖음을 들으신다는 사실을 상기했다. 부모님과 몇 달을 보내고서 우리는 다시 캄보디아로 돌아와 새로운 빈민가를 찾았다.

엔드 오브 더 로드(the End of the Road)에 있는 빈민가는 원래 화려했던 3개 동 아파트 주변에 생겨났다. 한때 품위를 자랑하던 그 아파트는 1950년대 공군 조종사와 그 가족들을 위해 정부가 건설한 건물이었다. 1970년대 중반 크메르루주가 모든 사람을 도시에서 추방하면서 아파트는 텅 빈 채 부서져 버렸다. 1979년 베트남이 크메르루주를 물리치고, 사람들은 도시로 마구 들어와 아무 집이나 들어가 살았다. 모든 게 공짜인 이상한 세상에서 힘 있는 자들이 가장 큰 집을 차지하고, 총이나 권력이 없는 자들은 강변 빈민가에 버려져 있던 빈 판잣집을 차지했다. 그 당시 부자나 가난한 자나 다 토지 권리 증서를 소유하지 않았다.

이 동네에 전기회사 근처에 있었기 때문에, 곧바로 회사 근로자와 그 가족이 이 지역으로 몰려들었다. 오래 지나지 않아, 아파트 주변 여기 저기에 판잣집이 생겨났다. 쓰레기 수거 시설을 갖추고 있지 않았기 때문에 이 지역은 금방 쓰레기로 지저분해졌다. 아파트 건물 사이에 있는 축구장에 쓰레기가 산더미처럼 쌓이고, 2m 깊이의 오물 구덩이에는 쥐들이 몰려들었다.

어느 날 어두침침한 콘크리트 골목길을 걸어가다가 이 동네에 오게 되었다. 주위 사람들에게 물어서 1층에 있는 아파트를 찾아냈다. 그리고 며칠 만에 이사해, 청소하고 페인트칠을 다시 했다. 과거 이 아파트가 평판이 좋고 나름 매력이 있었는지 몰라도 우리가 들어갈 때는 정말 엉망진창이었다.

쪼그려 앉아 사용하는 더러운 변기가 설치된 화장실에는 시커먼 구멍이 나 있었다. 문간에는 여기저기 거미줄이 쳐 있었으며, 쥐와 바퀴벌레가 돌아다녔다. 욕실도 마찬가지였다. 그러나 팀 동료들과 몇몇 친구의 도움을 받아 살 수 있을 정도로 깨끗하게 청소했다. 거실 한쪽 벽에는 커다란 나무 덧문이 있었다. 나는 낑낑대다가 겨우 그 문을 열 수 있었다. 그 문을 활짝 열자 놀라운 광경이 펼쳐졌다. 창문 바로 옆에 아무렇게나 만든 판잣집과 쓰레기터가 눈에 들어왔다. 그러나 공기가 흘러 들어와 좋았다. 또 아파트 안에 빛이 많이 들어와서 괜찮았다.

그날 저녁 우리는 창문을 열어 놓은 채 거실에 앉아 있었다. 온종일 페인트칠과 청소를 했기 때문에 몹시 피곤했다. 그런데 갑자기 쉬익 하고 물소리가 크게 나더니 무언지 알 수 없는 액체가 머리와 어깨 위로 떨어졌다. 화가 난 나는 바로 일어나서 누가 이런 짓을 했는지 알아보려고 바깥을 내다보았다. 하지만 토실토실하게 살진 쥐 몇 마리만 있을 뿐이었다. 고개를 돌려 위를 쳐다보고서야 커다란 덧문의 용도를 알게 되었다. 그 덧문은 아파트 윗집에서 창문으로 내버리는 쓰레기가 우리 집에 들어오지 못하도록 막아 주는 역할을 했던 것이다.

얼마나 비위가 상했는지 모른다. 그 후 며칠 동안 이런 일을 여러 번 겪었다. 윗집은 자주 이웃의 양철 지붕 위로, 또 우리 집 덧문 위로 쓰레기와 오수를 내다 버렸다. 나는 나무로 지은 앞집에 사는 이웃에게 어떻게 생각하느냐고 물어보았다. 그러자 그는 머리를 흔들며 넌더리를 내면서 말했다. "어처구니가 없어요, 어처구니가 없어." 때때로 한밤중에 이웃의 양철 지붕 위에 다 먹고 버린 코코넛 껍질이 떨어지는 소리가 들렸다. 그러면 난 깜짝 놀라 잠에서 깨어났다. '휴, 오늘은 또 어느 집이 저 엄청난 소리에 깜짝 놀라 잠에서 깼을까?'

새로 태어난 아들 제이든은 이 동네에서 곧 유명 인사가 되었다. 사람들은 처음부터 우리를 제이든 아빠, 제이든 엄마라고 불렀다. 가는 곳마다 제이든은 주목을 받았으며 대화의 주제가 되었다. 제이든의 머리 뒤편에 가마가 3개 있는 사실을 알게 되자, 사람들은 몹시 흥분했다. 캄보디아에서 가마가 3개 있다는 것은 아내 3명을 맞이하거나 3번 바람을 피우거나 3번 돈을 많이 벌게 된다는 의미이기 때문이다. 우리는 그 어떤 것도 사실이 아니기를 희망했다. 제이든은 이미 태어날 때부터 큰 데다 쑥쑥 자라나 6개월 만에 몸집이 큰 뚱보가 되었다. 어느 날 며칠씩 설사하는 제이든을 의사에게 급히 데려간 적이 있었다. 의사는 제이든이 매우 튼튼한 아이라고 말하면서 염려하지 말라고 위로해 주었다. 제이든은 아내 네이에 비해 덩치가 컸다. 특히 우리 집 주위에 있는 작은 캄보디아 아이들과 비교하면 더더욱 그랬다. 제이든은 모유를 먹고 잘 자랐으며, 이유식을 먹을 때가 되자 많은 음식을 달라고 칭얼댔다.

친구와 지인은 때때로 의문스럽다는 듯 물었다. "저렇게 어린아이를 열악한 캄보디아 빈민가에서 지내게 하는 게 옳은 일인가요?" 마치 우리가 그 문제를 깊이 생각하지 않은 것처럼 말이다. 그러나 사실 우리는 그 문제로 많은 고민을 했다. 많은 시간 생각하고 기도했다.

우리는, 제이든에게 필요한 것은 서양식의 안락함이나 가정용 편의 시설이 아니라, 아이를 사랑하고 함께 시간을 보내는 부모, 먼저 하나님의 나라를 구하는 부모, 경력이나 소유물 대신 하나님을 추구하는 것이 무엇인지를 보여 주는 부모라는 강한 확신이 있었다.

우리는 아들의 안전에 적합한 집과 동네가 어디에 있는지 주의 깊게 살펴보았다. 캄보디아 빈민가에 흔한, 홍수가 나면 물에 잠기는 동네는 피하고 싶었다. 아무래도 어린아이에게는 위험하기 때문이다. 또 어느 정도 내부가 깨끗한 집을 원했다. 그래야 제이든이 병에 걸리지 않고 건강하게 자랄 수 있기 때문이다. 엔드 오브 더 로드에 있는 우리 아파트가 그 조건에 딱 들어맞는 좋은 집이었다.

얼마 안 가서 우리는 제이든이 뉴질랜드 아이만큼 많은 생활의 편의를 누리지는 못하지만, 그 대신 부요한 관계를 누리며 살고 있음을 깨달았다. 네이와 내가 주목해 보니, 제이든은 항상 자신을 좋아하고 아껴 주는 이웃과 친구에게 둘러싸여 있었다. 특히 이웃집에 사는 일곱 살 난 티(Tee)는 성품이 부드러운 작은 소년이었는데, 그 아이가 제이든을 동생처럼 돌봐 주었다.

제이든의 첫 번째 생일은 거대한 파티였다. 우리는 몇 주 전부터 생일 파티에 대해 이야기하고 다녔다. 동네 아이들은 내게 "오늘이 제이든 생일인가요?"라고 계속 물었다. 점차 더욱 기대하게 되었다. 마침내 생일이 되었고, 우리는 아이들이 기뻐 날뛸 만큼 맛있는 음식을 풍성하게 준비했다. 좁은 우리 집에 몰려든 많은 사람이 앉지도 못하고 서 있을 수밖에 없었다. 우리는 빵을 나누어 주고 게임을 하며 즐겁게 보냈다. 정말 굉장한 파티였다.

제이든이 처음 말했을 때, 크메르어와 영어를 섞어서 말했다. 어머니는 제이든이 처음으로 '버트'라고 말하는 소리를 듣고는 깜짝 놀라셨다. 그래서 나는 어머니에게 그 말은 '없어지다, 잃어버리다'라는 뜻의 크메르어로, 제이든이 아끼던 공을 잃어버렸다는 사실을 말하려는 것이라고 설명해 드렸다. 두 가지 말을 똑바로 하려고 애쓰는 점을 고려할 때, 제이든은 말을 빨리 배우는 편이었다. 우리는 아이가 두 가지 언어를 배우면서 자랄 수 있는 축복을 받은 데 감사하고 흥분했다.

엔드 오브 로드에서 제이든을 키우면서 가장 어려웠던 점은 밤에 아이를 재우는 일이었다. 우리는 뉴질랜드에서 우는 아이를 달래는 방법을 사용하고, 또 스스로 잠자러 가는 법을 가르치려 했다. 하지만 문제는 우는 아이를 내버려 두는 것이 캄보디아 문화에서는 무정한 행위로 비춰진다는 것이다. 특히 이웃 사람이 모두 자려고 누운 밤에는 더욱 그랬다. 캄보디아에서는 가족이 모두 한 방에서 잠을 잔다. 특히 아이들이 어릴 때는 더욱 그렇다. 우리가 두 번째 침실에 알록달록한 커튼으로 치장하고, 제이든이 거기에서 잘 것이라고 말하자 이웃은 크게 놀랐다. 어린아이를 혼자서 자게 하다니! 한 캄보디아 친구는 이렇게 말했다. "서양 사람들이 아이를 많이 낳지 않는 이유는 아이들을 따로 재울 방이 없어서 그런 건가요?" 결국 그것은 문제가 되지 않았다. 제이든은 그 방에 가서 자기를 거부했고, 우리가 그렇게 하라고 하면 소리를 지르며 항의했다. 이웃을 고려하고, 또 스트레스 지수를 낮추기 위해 형편에 맞는 대로 살기로 했다. 우리는 캄보디아 방식으로 모기장을 치고, 그 안에서 다 같이 잠을 잤다. 다행스럽게도 첫날은 잘 잤다. 모기장을 여러 개 헤치고 우는 아이에게 갈 필요도 없었고, 아이가 울어서 이웃 사람들을 깨울까 봐 염려하지 않아도 되었고, 또 아이가 밤중에 엄마와 아빠를 찾느라 슬퍼하지 않아도 되었다.

이렇게 아이가 태어난 처음 2-3년 동안 함께 자는 캄보디아 양육 방식은 '애착 양육'으로 알려진 방법이다. 이것은 아이를 부모 가까이 두고 같이 자면서 문제가 생기면 바로 도와주기 위한 것이다. 그 이름은 존 볼비의 애착 이론에 따라 지었다.

재우는 일 외에 제이든을 훈육하는 일도 힘들었다. 이웃은 아이들을 매우 험하게 다루었다. 어떤 사람은 손에 잡히는 대로 아무거나 휘두르면서 한 시간이나 아이들을 때렸다. 옷걸이, 막대기, 주먹, 심지어 칼로 위협하기도 했다. 말도 험하기 짝이 없었다. "아가리 닥치지 않으면 모가지를 비틀어 버릴 줄 알아." "그만 울어. 안 그러면 죽여 버릴 테니까." 이런 일을 보고 듣는 나는 정말 괴로웠다. 언제 어떻게 나서야 할지 판단하기도 어려웠다. 캄보디아 문화에서는 이웃집에서 일어나는 부부 싸움이나 아이 훈육 문제에는 개입하지 않는 것이 사회 규범이다. 나는 동네에서 우는 아이들의 소리에 매우 민감해졌다. 아이들의 울음소리가 들릴 때마다 매를 맞고 우는 것인지를 알아보려고 쫑긋 귀를 기울였다. 도저히 참을 수 없어서 당사자를 찾아가 그만 하라고 간섭한 적도 여러 번 있었다.

우리도 때때로 제이든에게 매를 댔다. 하지만 대부분 천천히 셋까지 수를 센 다음에 때렸다. 또 아이를 훈육하는 좋은 방법을 발견하려고 열심히 노력했다. 이를테면 방구석이나 방 바깥에서 반성하게 하고, 나중에 잘못했다고 말하도록 가르쳤다.

어느 날 뉴질랜드에서 온 한 방문자가 우리를 위해 기도했다. 그는 네이가 예언자의 어머니 역할을 잘 감당하도록 하나님께 간구했다. 난 그 말을 듣고 웃고 말았지만, 네이는 아이들을 심하게 때리는 것 외에 다른 좋은 훈육 방법이 있다는 사실을 이웃에게 행동으로 보여 주었다. 동시에 그들도 우리에게 많은 것을 가르쳐 주었다. 제이든은 강한 의지를 지닌 아이로 잘 자랐다. 대체로 매우 행복해하며, 외향적인 소년으로 성장했다.

우리는 이웃에게서 양육과 관련해 많은 조언을 받았다. 이웃 사람들은 우리가 제이든에게 주는 음식에 관심이 많았다. 그들은 제이든이 쌀을 먹고 자라기 때문에 혈색이 좋은 거라고 주장했다. 사실 제이든은 동네에서 파는 것은 거의 다 잘 먹었다. 기름에 튀긴 누룩뱀이나 개구리 꼬치 같은 것도 말이다. 아이는 아주 건강한 체질이 되어서 나는 엄두도 내지 못하는 이상한 음식도 잘 먹었다.

그 즈음에 우리는 헤일로 프로젝트로 고아 수백 명을 돌보고 있었다.

Chapter 14 고아를 위한 교회 개척

헤일로 프로젝트는 급속도로 확장되었다. 지리적으로 우리는 프놈펜 외곽에 위치한 엔드 오브더 로드에 있는 우리 집 남쪽 지역을 중심으로 사역했다. 그러나 매달 새로운 아이 20명이 프로그램에 들어왔다. 맨 처음 계획은 첫해에 에이즈에 걸린 고아 50명을 돌보는 것이었다. 하지만 불과 몇 주 만에 그 수를 훌쩍 넘었다. 우리가 당면한 도전은 얼마나 많은 아이를 돌볼 것인지가 아니라 얼마나 아이를 잘 돌볼 것인지였다.

고아들을 자신이 살던 동네에 그대로 머무르게 하는 방법의 이점은 우리가 가족 전체, 여러 이웃, 궁극적으로는 그 동네 전체를 섬길 수 있다는 것이었다. 우리는 고아의 삶과 그 가족의 삶, 그들이 사는 동네 전체가 그리스도의 영향을 받아 변하기를 간절히 소원했다. 그러나 이렇게 삶 전체가 변하려면 그들이 예수님을 주님이라고 입술로 시인하게 하는 것만으로는 부족했다. 사람들이 처음 그리스도를 영접하도록 돕는 일은 흥미진진했지만, 그 결정만으로는 영접의 진실성 여부를 판단하기 어렵다는 것을 알았다. 정말 중요한 것은 시간이 지나도 변하지 않는, 철저히 변화된 삶이었다.

우리는 사람들이 자신의 삶을 향한 하나님의 뜻을 발견하기를 간절히 소원했다. 또 가난한 삶에서 벗어나 하나님이 본래 의도하신 사람이 되기를 소원했다. 그런 변화를 이루려면 예수 그리스도를 구세주로 영접하는 일이 매우 중요하다. 하지만 그것이 전부는 아니다.

나는 온티 린에게 기다란 길 하나를 그려서 보여 주었다. 그 길에 막대기 모양으로 사람들을 표시해 놓았는데, 그것은 영적 죽음에서 풍성한 삶으로 가는 여정을 나타내는 그림이었다. 가난과 억압으로 이루어진 삶은 하루아침에 변하지 않는다. 그래서 헤일로 프로젝트는 그리스도를 향하는 작은 발걸음 하나하나를 소중히 평가하려고 노력했다. 우리는 건전한 결심, 영적 장벽의 제거, 새로 맺은 우정, 새로 배운 교훈, 진심에서 우러나온 기도, 중독 해방, 유용한 기술 습득, 갈등의 평화로운 해결, 의로운 행동 등 모든 것을 축하하고 함께 기뻐했다. 하나님이 우리를 사용하셔서 그런 아름다운 일이 일어났다는 사실을 알 때 더욱 그렇게 했다.[1] 하나님의 은혜로, 이러한 모든 것이 성장을 이루는 수단이 되었다. 우리가 사람들에게 얼마만큼 영향을 끼치고 있는가를 측정할 때, 결신자나 세례자 수만을 계산하지 않았다. 사람들이 나타내는 작은 행동의 변화들도 그리스도를 향한 여정에 중요한 의미가 있다고 생각했다.

샐리와 사부엔과 라약은 우리가 처음으로 잘 알게 된 가족이었다. 미약하지만 그들이 처음에 나타낸 영적 진보를 보고 나는 정말 큰 격려를 얻었다. 어느 날 샐리가 우리를 찾아와 도움을 요청했다. "크레이그! 온티 린! 라약이 매우 아파요. 동네 무당에게 데려가 봤지만 전혀 차도가 없었어요. 라약이 낫도록 기도해 줄 수 있나요?" 우리는 샐리에게 어려운 일을 당할 때는 예수님께 도움을 청하라고 격려했다. 라약이 회복하자, 샐리는 이전보다 더 예수님께 마음을 열고 손자와 손녀가 교회에 나가는 것을 허락했다. 수년 동안, 샐리는 여러 가지 어려운 일을 많이 겪었다. 어떤 때는 누군가가 자신에게 저주를 퍼부은 것 같은 느낌이 들 때도 있었다고 한다. 그러나 느리지만 확실하게, 2보 전진 1보 후퇴하면서, 샐리의 가족은 그리스도를 향해 나아갔다. 사부엔은 나중에 교회에서 청소년 리더가 되었다. 샐리도 헌신적인 그리스도인이 되어, 에이즈 환자들을 돌보는 사역에 동참했다.

놀랄 만한 변화를 나타낸 또 한 가정과 동네는 우리 집에서 500m 떨어진 곳에 있었다. 그곳은 네이가 사역하는 사창가 남쪽에 있는 골목으로, 그 주인공은 비(Vee)라는 원기 왕성한 여성과 세 딸이었다. 비의 남편은 HIV 양성 환자로, 우리 팀에게서 약과 기도로 도움을 받고 있었다. 남편이 죽고서 비는 HIV 검사를 받았는데, 다행히 음성 판정이 났다. 기저저으로 비는 감염되지 않았다. 비와 세 딸을 알게 된 오티 린은 그들에게 하나님의 은혜를 나누었다. 비에게 하나님이 도우셔서 HIV 음성 반응이 나온 것이라고 말했다. 도시빈민선교회 봉사자들이 비의 남편을 섬기는 것을 지켜본 다른 이웃들은 질문을 하기 시작했다. 얼마 지나지 않아 이 빈민가에 매주 성경을 공부하는 작은 모임이 생겨났다.

가끔 우리는 하나님이 교회 개척을 원하신다는 것을 느꼈다. 하지만 더 자주 기존 지역 교회들을 섬기고, 그 안에서 새신자를 양육하기 원하신다는 생각을 하게 되었다. 그래서 우리는 그렇게 사역했다. 그 결과,

우리는 자기 기반을 마련하려고 지역 교회와 경쟁하는 집단이 아니라 지역 교회를 섬기는 종과 동역자로 서게 되었다. 또 다양한 여러 교회에 더 많은 영향력을 행사할 수 있게 되었고, 연합 행사에 더 많은 그리스도인을 동원할 수 있게 되었다. 우리가 독자적으로 교회 개척을 하거나 기반을 마련하려는 집단으로 비추어졌다면 그렇게 하기가 쉽지 않았을 것이다.

그런 까닭에 우리 교회를 설립하는 대신, 비의 집에 도시빈민선교회 간판을 붙이고 다른 교회를 초청해서 함께 사역하고, 막 시작한 성경공부와 어린이 프로그램을 운영하도록 조치를 취했다. 그것은 어느 정도 모험이었다. 우리는 좋든 나쁘든 그들이 결정을 내릴 수 있도록 책임과 권한을 부여했다. 얼마 지나지 않아 활기 넘치는 예배 공동체가 생겨났다. 일요일 아침과 평일 저녁, 비의 나무집에는 많은 사람이 몰려들었다. 그 모임이 하나의 교회로 성장해 가는 모습을 지켜보는 것은 정말 흥미진진했다.

몇 년 후, 한국 선교사들이 들어와 그 빈민가 한가운데 빨간 대형 첨탑이 달린 거대한 교회 건물을 지었다. 동네 사람들은 그 건물을 무척 자랑했다. 우리에겐 그런 계획이 전혀 없었지만, 만약 권한이 있었다면 조금 다르게 몇 가지 일을 했을지 모르겠다. 어쨌든 나는 지금도 우리가 감독을 포기하고 캄보디아 사람들이 권한을 행사하도록 한 것이 잘한 일이라고 믿는다.

우리는 비에게 티다(Tida)라는 작은 소녀를 돌봐 달라고 부탁했다. 티다는 최근에 부모를 잃어 임시로 살 집이 필요했다. 티다는 새롭게 생긴 언니 세 명과 잘 어울려 지냈으며, 곧 교회 활동에 활발하게 참여했다. 에이즈로 엄마와 아빠를 잃었지만, 티다는 자신을 사랑하시는 하늘에 계신 아버지와 진심으로 돌봐 주는 교회 가족을 얻었다. 어느 날 비의 집을 방문했다가 작은 장난감을 갖고 노는 티다를 본 적이 있다. 원래 하얀색인데 때가 타서 새까맣게 된 어린 양 인형이었다. 정말 소중한 장난감이었다. 어린 양은 "예수님은 나를 사랑하셔"라는 노래를 불렀다. 누군가가 물었다. "티다, 그 가사가 무슨 뜻인지 아니?" 티다는 자랑스럽게 영어 가사를 읊었다. "예수님은 나를 사랑하셔. 나는 그 사실을 알지."

"그래. 그런데 그것이 무슨 뜻이냐니까?"

"물론 알죠." 티다가 대답했다. 그리고 이번에는 크메르어로 그 노래를 한 단어씩 반복했다.

마침내, 결혼한 큰언니가 티다를 데리러 와서, 아이는 그 지역을 떠나 가족의 품으로 돌아갔다. 그러나 티다는 예전과 달리 새로운 힘으로 살게 되었다. 어느 곳에 가든 가족이 있다는 확신과 하늘에 계신 아버지에 대한 뜨거운 사랑을 품고 살게 된 것이다.

Chapter 15 무슬림
참족 사역

처음 만난 열일곱 살의 메리앤(Maryanne)은 참족 출신임을 나타내는 핑크색 머릿수건을 하고 있었다.

캄보디아에 사는 대부분 사람에게 캄보디아 사람이라는 것은 불교 신자가 된다는 뜻이다. 그러나 참족이라고 부르는 소수 인종은 전통적으로 무슬림이다. 우리 집에서 몇 킬로미터 떨어진 강 너머 빈민가에 작은 참족 마을이 있었다. 헤일로 프로젝트로 우리는 참족 몇 가정을 알게 되었고, 서서히 그들과 관계를 맺었다. 그들은 역사적으로 복음에 매우 무관심한 종족이었다.

작은 나무집에서 메리앤을 처음 만난 그날, 메리앤은 내게 작은 목소리로 가슴 아픈 이야기를 했다. "아버지는 HIV 양성 반응에 충격을 받고 2년 전 집을 나가셨어요. 힘들어하는 엄마를 내버려 두고 말이죠. 우린 생계가 막막했어요. 병든 어머니를 돌보기 위해 3학년에 다니던 학교를 그만두었죠. 어머니는 몸이 쇠약해져, 돌아가시고 말았어요. 이렇게 힘든 시간을 보내는 동안 정말 힘들었던 건…, 다섯 살밖에 안 된 가장 어린 여동생이 에이즈에 걸렸다는 사실이에요." 메리앤은 혼자 아픈 가족을 돌보는 책임을 떠맡았다. 음식을 구하고 요리하고 청소하고 어린 동생들을 돌보는 등 여러 가지 일을 해야 했다. "어린 두 남동생은 학교 문 앞에 가 보지도 못했어요. 그 대신 돈을 벌려고 오랫동안 낚시를 했죠. 볼 때마다 참 안쓰러워요."

여러 해 동안 우리는 메리앤과 그의 어린 동생들과 함께 여러 가지 일을 겪었다. 먼저 어머니의 죽음을, 그다음에는 막내 여동생의 죽음을 함께했다. 훗날 메리앤은 가출한 아버지가 어떤 사건에 연루되어 살해당한 사실을 알게 되었다. 온티 린은 특별한 관심을 보이며, 거의 매주 그들을 방문했다. 그들이 사는 작은 집을 수리하는 일을 도와주고, 깨지고 상처 입은 마음을 다독거려 주었다.

메리앤과 어린 동생들은 헤일로 프로젝트에서 후원하는 십대 가장이 이끄는 가정이 되었다. 물려받은 집이 있는 데다, 메리앤이 참족 공동체가 강력하게 후원해 줄 수 있는 그 마을에 머물러 살기를 몹시 소원했기 때문이다.

캄보디아에서는 나이가 조금 더 많은 고아가 어린 동생들을 돌보는 경우가 아프리카보다 많지 않다. 아프리카의 경우, 대규모로 에이즈가 발생해서 가족과 친인척들이 목숨을 잃는다. 하지만 캄보디아에도 메리앤네 같은 가정이 상당히 많다. 이런 가정은 부모가 죽기 전부터 십대가 이끄는 가정으로 간주해야 한다. 부모가 에이즈에 걸려 무능력해질 때 십대가 가장의 역할을 대부분 떠맡기 때문이다.

이렇게 십대가 이끄는 가정은 착취, 심리적 충격과 스트레스, 교육 기회 부족 등 여러 가지 어려움을 당할 가능성이 매우 크다. 나는 어려운 형편에 있는 아이들의 삶에 가능한 큰 문제가 일어나지 않게 하는 일, 안전하게 아이들을 지키는 일이 우리 책임이라고 생각했다.

놀라운 사실은, 고아원에 들어가는 것보다 십대가 이끄는 가정에서 살기를 선호하는 아이들이 있다는 것이다. 특히 부모에게서 땅과 집을 물려받고, 가까운 곳에 정기적으로 그들을 방문해서 물질적으로 도와줄 친인척이 살고 있는 경우가 그랬다. 예를 들어, 매리앤은 옆집에 살면서 도와주는 숙모가 있었으며, 또 주변에 그들을 돌볼 의향이 있는 친척과 친구가 많이 있었다.

메리앤과 십대가 이끄는 여러 가정은 많은 어려움이 있음에도 활기와 여유를 잃지 않았다. 어린 소년들은 우리가 수업료를 내주기만 하면 학교에 가겠다고 약속했다. 또 헤일로 프로젝트를 통해 한 달 단위로 긴급 쌀을 공급받았다. 그러나 소규모 사업 대부금과 예산 관리 교육을 받은 메리앤이 고기를 팔아 작은 돈을 벌 수 있게 되고 나서는 재정적 도움을 받지 않게 되었다. 얼마 지나지 않아, 우리가 그 동네에 갈 때마다 마을 사람들은 아주 즐거운 목소리로 외쳤다. "저기 예수 믿는 사람들이 온다!" 하나님의 은혜로 우리는 무슬림 마을에 하나님 나라를 건설할 씨를 심고 칭찬까지 받았다.

메리앤과 어린 동생들이 사는 길 너머에는 에이즈로 망가진 또 한 무슬림 가정이 살고 있었다. 맷(Matt)은 불과 열세 살에 고아가 되었지만 다행히 사랑이 많은 숙모와 할머니가 부모 역할을 대신해 주었다. 맷은 헤일로 프로젝트의 후원을 받아 학교에 다니기 시작했다. 그러면서 캄보디아어와 참족어를 배웠다.

어느 날 맷이 우리 진료소를 찾아왔다. "자꾸 어지럽고 다리가 아파요." 몇 가지 질문과 즉석 검사를 해본 결과 그가 영양실조에 걸렸다는 사실을 알았다. 맷의 가족이 특별히 음식이나 돈이 없어서 그런 문제가 발생한 것은 아니었다. 무슬림의 음식 규정 때문에 적절한 음식을 제대로 섭취하지 못했기 때문에 그런 것이었다. 우리 팀에서 일하는 영양전문가 냥 부인의 도움으로 맷은 완전히 회복하여 학교로 돌아갔다.

때때로 우리는 고아들과 소풍을 가서 즐거운 시간을 보냈다. 항상 맷과 메리앤, 이들의 어린 동생들을 초대해 함께 소풍을 갔다. 참족 마을에서 좋은 평판을 얻었기 때문에 아이들을 데리고 갈 수 있었다. 물론 아이들은 이슬람 율법이 인정하지 않는 방법으로 잡은 고기는 먹지 않았다. 우리는 하나님의 손이 참족 가운데 함께하심을 보았다. 서서히 그러나 분명하게 하나님 나라의 씨가 뿌려지고 있었다.

이름뿐인 불교 신자였던 부(Boo) 역시 하나님을 만나 변화된 사람이다. 우리는 처음에 부의 이웃집에 사는 도시빈민선교회 자원봉사자의 이야기를 듣고 그를 알게 되었다. "'부'라는 이웃이 있는데, 눈에 띄게 체중이 줄고 있어요." 자원봉사자는 도시빈민선교회 자택 간호 팀의 방문을 받는 게 어떻겠느냐고 부를 설득했다. 부를 상담하고 검사했는데, 유감스럽게도 HIV 양성 반응을 보였다. 설성가상으로 그는 아내에게 그 병을 옮기고 말았다. 부는 체중이 급격히 줄면서 점차 쇠약해지고 수척해졌다. 자원봉사자와 직원이 정기적으로 방문해 약을 주고 격려했다. 또 방문할 때 여러 번 지역 교회 교인을 초청해서 부를 위해 기도하도록 했다.

그 후 그 가정에 또 다른 큰 불행이 닥쳤다. 어느 날 밤, 빈민가에 큰 불이 나서 그들은 작은 집과 전 재산을 잃고 말았다. 이로 말미암아 용접 기술을 배우던 부의 장남 레인(Lane)은 학업을 중단하고 돈을 벌어야 했다. 어느 날 부와 그의 아내를 방문했는데, 자신들의 곤란한 사정과 레인이 낙심하고 있다는 이야기를 꺼냈다. 내가 말했다. "예수님이 당신을 도울 수 있도록 기도해도 될까요?" 그들이 선뜻 동의를 표하자 우리는 함께 기도했다. 내가 눈을 떠 보니 그들은 감동해서 눈물을 흘리고 있었다. 2주 만에 문제가 해결돼서 레인은 다시 용접 기술을 배울 수 있게 되었다. 이런 일로 부의 마음이 부드러워져, 그는 하나님께 한 발자국 더 가까이 다가서게 되었다. 물에 잠겼던 어떤 창고에 몇 달 동안 임시로 거주한 그들에게 헤일로 프로젝트에서 무료로 살 수 있는 작은 땅을 마련해 주었다. 레인은 그리스도인 건축업자를 도와서 그 땅에 작지만 튼튼한 집을 지었다.

어느 날, 자원봉사자 한 사람이 부와 함께 앉아서 하나님이 베푸신 여러 가지 은혜를 간증했다. 하나님이 기도에 응답하신다는 진리, 또 여러 믿음의 형제 자매를 통해 실제적인 도움과 격려를 받은 사실을 이야기했다. 또 죄 문제 해결과 하나님의 용서를 받아야 할 필요성도 설명했다. 그러자 부는 눈물을 흘리며 예수님을 따르는 제자가 되고 싶다고 시인했다. 몇 주 후, 그는 이 세상을 떠나 주님 품으로 갔다.

Chapter 16 **빅 브라더 · 빅 시스터 프로그램**

디(Dee)와 그의 아들을 보며 우리는 헤일로 프로젝트를 한 단계 더 발전시켜야 한다는 생각을 했다. 디는 그 당시 불교 사원에 불법으로 거주하고 있었다. 인근 빈민가에 있던 집이 홍수로 물에 잠겼기 때문이다. 디와 다섯 아이뿐 아니라 여러 가족이 대형 천막에서 함께 살았다. 아이들은 매일 꾀죄죄한 모습으로 거리에 나가 깡통과 병을 수집했다. 학교에 다니는 아이는 아무도 없었다. 디도 너무 아파서 일을 한 수 없는 형편이었다. 이미 죽은 남편으로부터 HIV에 감염되었기 때문이다.

매일 쓰레기를 찾아 거리를 돌아다니던 디의 큰아들 분(Boon)과 작은아들 반(Barn)은 같은 처지에 있는 다른 아이들과 함께 갱단을 만들었다. 아이들은 종종 도둑질을 하거나 본드를 흡입했다. 분과 반도 이런 행동에 물들어, 자주 문제를 일으켰다.

내가 볼 때 문제는 분과 반에게 좋은 역할 모델이 전혀 없다는 것이었다. 주변 환경이 아주 나빠져 이 아이들이 고아가 되면 범죄를 저지르고 감옥에 가기 십상이었다.

아이들 곁에 있으면서 그들을 올바른 방향으로 이끌어 줄, 나이 많고 현명한 사람이 절실하게 필요했다. 동시에, 나는 캄보디아 사회가 교회의 인도를 받아 고아들을 돌보게 하는 우리 비전이 일부만 성취되고 있음을 깨달았다. 분명히 아이들은 살던 동네에서 돌봄을 받고 있었다. 하지만 교회에서 이 일에 참여하고 있는 사람들은 우리 선교회 사역자와 자원봉사자뿐이었다. 나는 캄보디아 교회가 이 일에 더 희생적으로, 더 많이 참여하기를 소원했다.

정확히 언제 어떻게 그런 생각을 하게 되었는지는 모르겠지만, 한 가지 아이디어를 떠올랐다. 그 생각이 분과 반, 처지가 비슷한 다른 아이들을 위한 하나님의 뜻이라고 확신했다. 그것은 그리스도인 청년이 한 사람씩 고아 한 명을 동생으로 삼고, 아이의 집을 방문해 격려하고, 아이들을 일정 기간 훈련하고, 좋은 역할 모델이 되는 것이다.

나는 이런 생각을 나누고자 매우 친하고 믿을 만한 친구 피니스(Pyneath)를 찾아갔다. 그는 지혜와 통찰력이 있는 캄보디아 청년이었다. 그리고 이미 캄보디아 청소년에게 복음을 전하는 영라이프(Young Life) 책임자로 활동하고 있었다. 그는 언젠가 캄보디아의 최고 그리스도인 지도자 가운데 한 사람이 될 것이다. 피니스는 우수한 자질을 갖춘 젊은 그리스도인들을 모아 개인적으로 제자 훈련을 시켰다. 그래서 나는 그에게 우리가 추구하는 고아들을 위한 빅 브라더·빅 시스터 프로그램을 실행하자고 요청했다. 가난한 환경에서 자란 피니스는 그 아이디어에 큰 감동을 받고 곧 그리스도인 청년 10명으로 이루어진 팀을 구성했다. 그들은 대체로 스무 살 정도 되는 청년이었는데, 기꺼이 빅 브라더·빅 시스터 역할을 맡아 봉사하려 했다. 그는 그들에게 내 비전을 나눌 수 있도록 자리를 만들어 주었다.

첫 번째 모임에서 우리는 영라이프 본부 바닥에 둘러앉아 고아들을 향한 하나님의 뜨겁고 풍성한 사랑을 이야기했다. 그들은 고아들을 위해 믿음을 실천하라는 소명을 진지하게 받아들이고 있었다. 눈이 빛나고 감동의 물결이 일었다. 하지만 어떻게 그 일을 해야 할지 잘 몰랐다.

나는 이 청년들과 짝을 이룰, 가장 어려운 형편에 사는 아이들을 선별했다. 그중에는 분과 반과 여동생들도 있었다. 나는 이 사역으로 아이들의 삶에 변화가 일어나길 간절히 기도했다.

그 당시 우리는 경험이 부족했다. 그래서 지금 다시 그 일을 한다면 다르게 하고 싶은 점들이 있다. 아쉽게도 우리는 첫 번째 자원봉사자들을 충분히 훈련하지 못했다. 결국 2명이 몇 주 만에 낙오하고 말았다. 그 후, 프로그램을 개선해서 더 포괄적인 훈련을 하고 선별 과정을 강화했다. 피니스와 나는 분과 반을 가장 잘 돌봐 주리라 예상되는 두 친구를 주의 깊게 골랐다. 지나고 보니 하나님의 은혜가 전 과정에 함께하고 있었다.

나는 이 빅 브라더·빅 시스터 팀에 참여한 많은 청년이 빈민가에 들어가는 것 자체가 충격이었다고 하는 데 놀랐다. 대부분 청년이 중산층 출신으로, 타고 다니는 멋진 오토바이를 도둑맞을까 봐 두려워했다. 그러나 그들은 최선을 다해 노력했고, 결국 성공했다. 처음에 낙오한 2명을 제외한 모든 청년이 지금까지 여러 해 동안 빅 브라더·빅 시스터로 신실하게 봉사하고 있다. 또 그 가운데 꽤 많은 청년이 출석 교회에 돌아가 독자적으로 빅 브라더·빅 시스터 사역을 하고 있다.

분과 반을 돌보는 형제들은 아이들이 사는 사원을 방문하기 시작했다. 형제들은 여러 시간 아이들과 앉아서 이야기를 나누었다. 또 아이들을 오토바이에 태우고 시내를 돌아다녔다. 그리고 한 달에 한 번 전체가 모여 동물원, 부두, 궁전 같은 장소로 소풍을 갔다. 분과 반은 전에 그런 곳을 가 본 적이 한 번도 없었다. 헤일로 프로젝트는 학비를 대주어 분과 반이 다시 학교 공부를 할 수 있도록 도왔다. 그리고 형제들은 정기적으로 아이들의 교재를 샅샅이 보며, 아이들이 공부를 제대로 하고 있는지 점검했다. 쉬운 일은 아니었다. 분과 반은 돈을 벌려고 거리의 친구들과 어울리면서 자주 학교에 빠졌다. 반을 돌보는 형제 비시트(Bisit)가 종종 나를 찾아와 반을 걱정하며 최근에 일어난 일을 이야기했다.

어느 날, 디가 다시 임신을 했다. 새로 낳을 아이는 고사하고, 이미 키우고 있는 아이들조차 제대로 먹일 수 없었던 디는 아기를 팔기로 결정했다. 파렴치한 아기 상인이 많다는 사실과 팔린 아이가 결국 어떻게 되는지 잘 알고 있던 우리는, 약간의 지원을 받아 아이를 키우도록 디를 설득했다. 우리는 HIV가 새로 태어나는 아이에게 전염되지 않도록 디가 적절한 항바이러스 치료제를 먹을 수 있게 조치를 취했다. 그 치료제는 새로 태어나는 아이를 보호해 주는 20달러짜리 약품이었다.[1] 아이가 태어났을 때, 빅 브라더 · 빅 시스터의 형제 자매가 모여 축하하고, 성경에 나오는 이름으로 아기 이름을 짓도록 도와주었다. 그렇게 해서 지어진 이름이 공주를 뜻하는 사라(Sarah)였다.

운이 좋은 아이들은 빅 브라더 · 빅 시스터의 보호를 받으며 잘 성장했다. 우리는 샐리의 손자 손녀 사부엔과 라약에게도 형제 자매를 붙여주었다. 두 아이는 금방 좋아졌다. 당시 사부엔은 불안에 사로잡혀 통명스럽게 불평을 잘하는 소년이었다. 그러나 그를 돌보는 형제 라(La)의 가르침으로 사부엔의 행동이 달라졌다. 라는 부드러운 거인으로, 이를 드러내고 싱긋 웃는 웃음이 일품이었다. 사부엔은 그 미소에 마음이 녹아내리지 않을 수가 없었다.

샐리의 집이 어느 날 밤 불타 버리자, 라 형제가 출석 교회에 가서 사정을 이야기했다. 그는 기부금을 모아 새 침대와 쌀 한 포대를 사 주었다. 나는 이 일을 지켜보면서 큰 감동을 받았다. 라 형제는 동정심이 많고 적극적이고 따뜻한 사람이었다. 무엇보다도 사부엔은 라의 지도 아래 잘 자라났다.

고아들의 수가 늘면서 서서히 일의 양이 늘었다. 나는 헤일로 프로젝트 팀에서 온티 린이 하고 있는 어머니의 역할을 해줄 만한 형제를 보내 달라고 기도했다. 서른한 살의 빅 브라더 라가 최적임자로 떠올랐다. 그는 이미 사부엔을 잘 돌보아 인정을 받았다. 나는 다른 소년들도 이 착한 형제가 돌봐 주었으면 좋겠다고 생각했다. 라 형제에게 온티 린과 함께 헤일로 프로젝트에 참여하는 고아 수백 명을 위해 전임 사역자로 일해 달라고 제안했다. 결국 라 형제가 우리 팀에 합류하여 전임 사역자는 3명으로 늘어났다. 그 사이, 빅 브라더·빅 시스터 소식도 입소문을 타고 다른 여러 교회로 전해졌다.

Chapter 17 **고아를 위한
제자 훈련**

적어도 1년 전에 아롬(Arom)을 만났더라면 얼마나 좋았을까? 아롬은 에이즈로 엄마를 잃고 월세를 낼 수 없어서 동네 여기저기를 전전하던 열네 살 난 아이였다. 아이는 자기가 살던 동네 외에는 아는 곳이 없었다. 이웃의 도움으로 먹다 남은 음식을 얻어먹으며 1년을 보냈다. 우리가 아이를 발견했을 때는 기본적인 의식주조차 해결하지 못하는 상태였다. 거리에서 생활하는 아롬은 종종 나무로 만든 집 밑에 들어가 잠을 자기도 했다. 그렇게 자다 보면 때로 대나무 조각으로 만든 집의 바닥 아래로 오줌이 쏟아져 아롬을 몹시 괴롭게 했다.

집은 인간의 가장 기본적인 필요다. 온티 린과 나는 아이들이 살기에 적당한 집을 마련해 주려고 노력했다. 나는 빈민가에서 자라서 단순한 삶밖에 모르는 사람들에게 서양식 생활 기준을 맞추지 않았다. 그저 우리는 비가 새는 지붕을 수리해 주고, 사방에 벽이 있고 앞문이 온전하게 붙어 있는 집을 마련해 주려고 했다.

우리가 당면한 도전 가운데 하나는 부모가 죽자마자 누군가가 고아들이 차지할 땅을 빼앗지 못하게 하는 일이었다. 우리는 너무 늦기 전에 부모가 소유한 토지 및 집 문서를 아이들 이름으로 바꿔 놓도록 설득했다. 하지만 대부분 부모는 좋아하지 않았다. 그것은 자신들의 죽음이 임박했다는 사실을 구체적으로 알려 주는 조치였기 때문이다. 그래서 우리는 부드러우면서도 단호하게 이 문제에 접근하기로 했다. 누군가 부서진 지붕을 수리하거나 망가진 벽을 고쳐 달라고 부탁하면, 우리는 먼저 그들에게 마을 대표를 찾아가서 토지 권리 증서를 아이 이름으로 바꿔 놓으라고 유도했다. 그렇게 했을 때만 수리를 해주었다.

열여섯 살 난 마야나(Mayana)의 경우는 매우 나쁜 사례다. 그 아이를 통해 우리는 고아의 땅을 보호해 주는 문제에 좀 더 많은 관심을 기울이게 되었다. 부모에게서 재산을 물려받은 고아는 그 재산을 차지해 그대로 살 경우에 재산을 지킬 가능성이 크다.[1] 그런데도 수단 방법을 가리지 않고 고아의 재산을 빼앗으려는 사람들이 있다. 그래서 우리가 나서게 되었다.

부모가 죽고 나서, 마야나는 근처에 사는 숙모와 조부모의 도움을 받아 어린 여동생 4명을 돌보았다. 마야나와 여동생들은 모두 학교에 다니고 있었고, 마야나는 숙모처럼 약사가 되고 싶어 했다. 다행히 아이들은 부모에게서 오래된 나무로 지은 집을 물려받았다.

어느 날, 우리는 그 아이들의 친척이 몰래 그 땅과 집을 팔려 한다는 소식을 들었다. 온티 린과 나는 아이들을 데리고 동사무소에 가서 항의했다. 다행히도 동장은 마야나가 열여덟 살이 되어 법적으로 소유권을 얻을 수 있을 때까지 그 땅을 팔지 못하도록 조치를 취해 주었다. 이 문제는 일시적으로 해결되었지만, 나는 마야나의 친척들에게 몹시 화가 났다. 어떻게 사람의 탈을 쓰고 고아의 재산을 빼앗으려 할 수 있단 말인가? 더구나 그 아이들은 혈육이 아니던가?

이런 일을 겪으면서, 부모가 미리 유언장을 작성하는 시스템을 개발해 냈다. 그 유언장에는 아이들의 미래에 대한 부모의 소원과 유산 문제가 명시되어 있었다.

집과 재산 문제 외에도, 아이들이 매일 먹을 것과 입을 옷을 확보하려면 또 다른 여러 가지 실제적인 문제를 다루어야만 했다. 캄보디아에서 가장 가난한 사람들에게 하루하루는 정말 한 치 앞을 내다볼 수 없을 정도로 고단한 삶이다. 그들은 보통 여러 가지 일을 해서 돈을 번다. 운이 좋은 날에는 충분한 돈을 벌어 가족을 먹여 살릴 수 있다. 하지만 그렇지 못한 날에는 굶거나 비싼 이자를 주고 돈을 빌려야 한다. 특히 가족 중 아픈 사람이 생길 때 그렇다. 동네 고리대금업자에게 비싼 이자를 주고 돈을 빌리면, 이자가 순식간에 늘어나 곧 감당할 수 없게 된다. 많은 가정이 빌린 2백 달러 때문에 집과 땅을 빼앗기고 말았다.

나는 헤일로 프로젝트 팀을 훈련해서 어른과 아이들에게 돈을 관리하는 법을 가르치도록 했다. 특히 긴급한 일을 대비해 매일 조금씩 저축하는 방법을 가르쳤다. 우리는 각 가정에 저금통을 나누어 주었다. 그것은 집에 보관할 수 있도록 만든 작은 금속 상자로, 자물쇠가 달려 있었다. 우리는 매달 얼마나 저축했는지 점검하면서 격려와 조언을 해 주었다. 이따금 가족들이 돈을 벌 수 있도록 무이자로 소규모 사업 대출을 해주었다. 우리는 각 가정과 긴밀한 관계를 맺고 자립할 수 있도록 계획을 세워 나갔다.

맨 처음 이 사역으로 혜택을 받은 사람 가운데 일흔한 살의 느가(Ngaa)

라는 할머니가 있었다. 이 할머니는 딸이 어린 두 손녀, 궁(Gung)과 지아(Gia)를 남기고 에이즈로 죽자 어쩔 수 없이 엄마 노릇을 하게 되었다. 느가는 매일 자신이 사는 판잣집 문 앞에 앉아 물건을 팔면서, 두 손녀가 이웃 아이들과 노는 모습과 학교를 오가는 모습을 지켜보았다.

느가는 궁이 학교 다니는 것을 좋아하지 않았다. 열세 살 난 궁이 여자로서는 학교에 다닐 만큼 다녔다고 생각한 것이다. 그리고 이제 궁이 가까운 공장에 나가 마늘 까는 일을 해야 한다고 판단했다. 게다가, 느가가 버는 돈으로는 학교 수업료는 고사하고 먹을 것과 다른 데 지출되는 비용을 대기도 벅찼다. 어느 날 우리는 함께 앉아, 느가의 수입과 지출에 대한 이야기를 나누었다. 놀랍게도 우리는 매달 느가가 사들이는 물건 값을 내려고 동네 고리대금업자에게 엄청난 이자를 내며 돈을 빌린다는 사실을 알게 되었다.

이런 일은 장사하는 가난한 사람에게서 흔히 찾아볼 수 있다. 매달 초 느가는 그 달에 팔 물건을 사려고 20달러를 빌린다. 그리고 한 달 내내 매일 고리대금업자에게 1달러씩 낸다. 한 달 평균 총 30달러를 내는 셈이다. 느가는 20달러를 빌리고 한 달에 이자를 10달러씩 내고 있었다.

우리는 무이자로 20달러를 빌려 주기로 약속했다. 그러면 느가는 다음 달에 팔 물건을 사려고 돈을 빌리지 않아도 된다. 느가는 매일 하던 대로 1달러를 떼어 놓는다. 그 돈을 고리대금업자에게 이자로 내는 대신 저금통에 넣어서 그 달 말에 우리에게 빌린 20달러를 갚는다. 그러면 느가에게 10달러가 남는다. 그 돈은 다음 달에 팔 물건의 절반을 살 수 있는 액수다. 다음 달에 무이자로 한 번 더 10달러를 빌려 주면 월말에 우리에게 빌린 돈을 다 갚을 수 있다. 그 후로 느가는 매달 10달러씩 저축해서 그 돈을 손녀들의 학비와 의료비로 사용할 수 있었다.

가난한 사람들이 재정적 안전에 도달하는 길은 지뢰밭과도 같다. 느가와 같은 사람들은 위험이 따르는 모험을 극히 싫어했다. 그래서 매일 생활비로 쓰던 돈과 고정적으로 지출하던 돈을 다른 데로 돌리는 것을 불안해한다. 엄청난 돈을 갈취당하는 경우에도 마찬가지였다. 여러 번 설득한 끝에 느가는 우리 시스템에 참여했다. 나는 긴급할 때를 대비해 저축할 필요성과 그렇게 하는 방법을 보여 줄 책임이 우리에게 있다고 믿었다.

저금통을 소개한 또 한 가정은 열아홉 살 된 아릿(Arit)이 가장 역할을 하는 십대 고아들의 가정이었다. 그 아이들은 에이즈 때문에 한 달 간격으로 부모를 잃었다. 많은 책임을 떠맡고 있었지만 아릿은 늘 낙관적이고 행복해했다. 매일 아릿은 흙먼지를 뒤집어쓴 채 석탄을 운반하는 일을 하고서 저녁에 집에 돌아왔다. 무거운 트레일러를 단 자전거를 타고 왕복하는 힘든 일을 하기 때문에 늘 몸이 쑤시고 아팠다. 자전거를 타면 때때로 현기증이 난다고 하소연했다. 아릿이 밥을 못 먹을 때가 자주 있다고 말했기 때문에 우리는 영양부족으로 현기증이 생긴 것임을 알았다.

우리는 아릿에게 매일 얼마씩 번 돈을 떼어 놓는 방법을 가르쳐 주었다. 그리고 한 달, 열 달, 또는 2년 동안 얼마나 많은 돈을 저축할 수 있는지 생각해 보라고 했다. 아릿은 부지런히 돈을 모으면 오토바이를 살 수 있다는 사실을 알게 되었다. 그렇게 되면, 훨씬 수월하게 일할 수 있을 것이다.

아릿이 저금통에 돈을 모으는 계획에 흥분하는 모습을 보였다. 어린 동생들도 밖에 나가 작은 상자를 가져왔다. 얼마 지나지 않아, 십대 형제 네 명이 다 저축하기 시작했다. 나는 아릿이 어떻게 오토바이를 장만하는지 흥미롭게 지켜보았다.

어느 날, 저축이 잘되고 있는지 물어보았다. 그러자 아릿의 열여섯 살 난 여동생 소쿤(Sokun)이 "그럼요"라고 대답하면서 손을 내밀었다. 그리고 새로 산 24k 금반지를 자랑스럽게 보여 주었다.

나는 실망한 표정을 감추고 이렇게 말했다. "그동안 저축을 잘해서 앞으로 오토바이를 살 수 있을 텐데 왜 반지를 샀니?"

소쿤은 나에게 캄보디아식 저축을 한 수 가르쳐 주었다. "우리 집을 보세요." 작은 방을 둘러싼 초가집 벽을 몸짓으로 가리켰다. "여기에는 오랫동안 돈이 든 상자를 놓아둘 수가 없어요. 자물쇠를 채운 금속 상자라고 해도 안 돼요. 누군가 와서 훔쳐갈 거예요." 소쿤은 웃으면서 내가 보는 앞에서 다시 반지를 흔들었다. "그래서 우리는 저축한 돈을 가지고 다닐 수 있고, 필요할 때 돈으로 바꿀 수 있는 것으로 만든 거예요."

나는 이를 드러내고 싱긋 웃으며 고개를 끄덕였다. "정말 똑똑하구나."

아릿과 소쿤 같은 가난한 친구들은 은행을 불신했다. 그들은 또 캄보디아에서 '통텡'으로 알려진 재정 조달 방법을 알려 주었다. 통텡은 이웃 사람들이 돈을 모아서 서로 돈을 빌려 주는 게 같은 것을 말한다. 우리는 순전히 실용적인 이유로 그런 방법도 괜찮다고 격려해 주었다. 돈이 필요한 사람에게 도움이 되는 것 같았기 때문이었다. 통텡에서 영감을 얻은 도시빈민선교회 동료는 소규모 대부 프로그램을 만들었다. 가난한 여성들이 함께 돈을 모아서 필요한 사람에게 빌려 주는 것이다. 여러 사람이 함께 돈을 빌려 주기 때문에, 돈을 빌린 사람은 그 돈을 제

때에 갚을 수밖에 없었다. 소규모 대부 사업이 잘 운영될 때는 천 명이 넘는 여성에게 도움이 되었다.

소규모로 진행된 여러 사역이 큰 성공을 거두었지만, 우리는 정부 후원을 거의 받지 못했다. 후원은커녕 때때로 저지당했다. 시 당국은 엔드 오브 더 로드 빈민가 건너편 강둑에 있는, 캄보디아에서 가장 큰 빈민가 하나를 철거하려 했다. 어느 날 지역신문은 프놈펜을 관광 명소로 만들겠다는 시장의 꿈을 형상화한 한 화가의 그림을 소개했다. 그 그림에는 서양인이 강가 보도를 행복하게 산책하는 모습이 그려져 있었다. 물론 빈민가는 보이지 않았다. 또 이 지역에 자주 나타나는 거지나 가난한 사람들이 빠져 있었다. 그 그림은 앞으로 일어날 일을 나타내는 불길한 전조였다.

여러 달에 걸쳐 지역 책임자와 협상을 했지만 소득이 없었다. 그러던 어느 날 밤, 정부가 직접 나서서 강가에 즐비한 초가집에 불을 놓았다. 최소 1천여 가구가 집과 어렵게 장만한 재산을 잃고 어쩔 수 없이 다른 곳으로 피신해야 했다.

아침에 화재 소식을 들은 나는 아직도 연기가 가시지 않은 동네로 달려갔다. 거기서 내가 며칠 전에 만난 아이들을 찾았다. 열세 살 난 손티(Sonti)와 어린 두 남동생은 에이즈로 죽어 가는 부모를 간호했다. 몇 주 전에 어머니를 잃은 아이들은 슬픔에 잠겨 있었다. 우리가 이웃과 친척의 도움을 받아 새집을 지어 주자 매우 기뻐했었다. 그런데 새로 지은 작은 집에서 잠을 자던 첫날에 불이 나고 말았다.

나는 불에 그슬린 땅에 쪼그리고 앉아 있는 손티를 보았다. 그곳은 새로 지은 집이 있던 바로 그 자리였다. 손티는 손으로 얼굴을 가리고 머리를 흔들며 말했다. "다 없어졌어요." 집뿐만 아니라 매우 소중히 여기던 한 장뿐인 죽은 엄마의 사진마저 사라져 버렸다. 손티는 이미 말로 다 표현할 수 없는 많은 비극을 경험한 불쌍한 아이였다.

나는 감정을 애서 누르며 말했다. "동생들을 데리고 오렴. 우리 집으로 가자."

손티는 머리를 저었다. "이 자리를 떠나면 우리가 여기 살았다는 걸 누가 알겠어요? 여기 머물러 있어야 나중에 도움을 받을 수 있어요."

집을 잃은 그 아이는 낮에는 작열하는 태양에 시달리고, 밤에는 몸을 덮을 담요 한 장 없이 추위에 떨어야 했다. 그런데도 막무가내였다. 그래서 나는 도와줄 방법을 찾아보겠다고 약속하고 도시빈민선교회 사무실로 서둘러 돌아왔다.

사무실에 도착하니까 이미 긴급 대책 회의가 열리고 있었다. 우리는 즉시 당국과 접촉해서 구호품을 나누어 줄 수 있는 허가를 받기로 했다. 그리고 그 빈민가 주민으로 등록된 사람들의 명단을 요청하기로 했다. 그런데 정부가 전면 반대를 하리라고는 전혀 예상하지 못했다.

우리는 쌀 한 톨도 나누어 줄 수 없었다. 그렇게 하면 사람들이 그대로 그곳에 머물 수 있기 때문이다. 어이가 없었다. 당국의 허가와 협조 없이 긴급 구호품을 나누어 주는 일은 불법이고 위험할 뿐만 아니라 매우 어려웠다. 또 주민의 명단을 입수할 수도 없었다. 우리는 지역 교회와 기독교 단체 들을 모아 기도회와 대책 회의를 열고 상황을 설명했다. 또 고국에 있는 기도 모임에 전자메일을 보내어 중보기도를 요청했다.

사무실을 나와서 영라이프에서 일하는 친구 피니스를 찾아갔다. 그에게 자원봉사자를 모아 달라고 부탁했다. 피니스와 그가 지도하는 학생들은 위험한 일이라는 것을 알면서도 열심히 도와주었다.

다음 날 자원봉사자들은 불타 버린 빈민가를 은밀히 돌아다니며 절망에 빠진 가난한 천여 가정에 티켓을 나누어 주었다. 티켓을 다 나누어 줄 무렵, 그것이 긴급 구호품을 받을 수 있는 티켓이라는 소문이 이재민들 가운데 퍼졌다. 굶주린 아이들을 염려하는 마음에 극도로 흥분한 엄마들은 티켓을 달라고 애걸했다. 슬픔에 잠기고 병적으로 흥분한 다른 사람들도 티켓을 달라고 아우성쳤다. 사태가 걷잡을 수 없이 심각해졌다. 자원봉사자 가운데 예쁘장하게 생긴 자매가 있었는데, 그만 절망에 빠져 울부짖는 사람들의 물결에 휩쓸리고 말았다. 자매는 몸에 상처를 입긴 했지만, 다행히 큰 부상은 아니어서 신속히 그 자리를 빠져나왔다.

우리는 당국의 눈에 띄지 않게 구호품을 보관해야 했다. 보통 진료소로 사용하던 땅에다 구호품을 갖다 놓았다. 그곳은 불이 난 빈민가에서 약 1.6km 떨어진 곳이었다. 사람들은 티켓을 손에 꽉 쥐고 줄지어 분배장소까지 왔다.

사람들이 길게 늘어서고 처음에는 평화롭게 분배가 이루어졌다. 그런데 몇 시간 지나서 나쁜 소식이 들려왔다. 당국이 우리가 하는 일을 알았다는 보고였다. 당국은 분배하는 우리를 막는 대신, 교활하게 무장 군인을 길모퉁이에 배치해 놓고, 빈민가로 돌아가는 사람들에게서 구호품을 압수했다. 이런 식으로 당국은 절망에 빠진 사람들이 긴급 구호품을 받지 못하게 하면서 자신들의 수입을 올렸다.

그때 선교사 릭(Rick)이 일이 잘 진행되는지 보러 왔다. 낙심한 우리가 사태를 설명하자 그는 도울 수 있는 일이 있는지 알아보기 위해 강변에 가 보기로 했다.

릭이 현장에 도착했을 때는 이미 크리스틴이 군인들과 한창 협상을 하고 있었다. 그 당시 릭은 교회에 가는 길이라 양복 차림에 넥타이를 매고 있었다. 군인들은 의심스러운 눈빛으로 그를 쳐다보았다. 군인들 사이에 중얼거리는 소리가 퍼져 나갔다. 어찌 된 일인지 그들은 릭을 미국 대사라고 생각했다. 크리스틴은 그들이 잘못 생각하든 말든 그냥 놔두었다. 군인들은 공포에 휩싸여 서로 쳐다보았다. 그때 누군가가 큰 소리로 명령했다. 군인들은 신속하게 구호품을 내려놓더니 어디론가 사라져 버렸다. 덕분에 우리는 더 방해받지 않고 구호품을 계속 나누어 줄 수 있었다. 그리고 무사히 일을 마칠 수 있었다. 며칠 후 정부는 방침을 바꾸어 우리에게 긴급 구호 활동을 계속해 달라고 요청했다.

그러나 그것은 어디까지나 단기 구호일 뿐이다. 손티와 남동생들이 약간의 쌀, 모기장, 방수복, 소소한 생필품을 받아 당장 살 수 있었던 것은 사실이다. 하지만 그들은 여전히 집이 없는 상태였다.

정부가 원래 계획대로 그곳을 철거한다는 소문이 나돌았다. 빈민가 사람들은 프놈펜에서 약 32km 떨어진 곳에 있는 거대한 땅으로 이주해야 했다. 이번에 빈민가 사람들은 협상할 여지가 없었다. 그들은 체념하고 새로운 땅을 받으려고 뜨거운 햇볕 아래 모두 줄을 섰다.

부지를 제대로 마련하기도 전에 이주가 시작되었다. 손티와 두 동생은 다른 이주민 5천여 명과 함께 그곳에 갔지만, 아무것도 준비되어 있지 않았다. 물, 전기, 하수도, 학교, 시장 등 아무것도 없었다. 수많은 사람이 살 수 있는 곳이 전혀 아니었다.

전에 기독교 고아원에서 산 경험이 있는 손티와 남동생들은 그리스도인을 매우 미심쩍게 여겼다. 우리는 처음에 거의 매일 그곳을 찾아가, 손티를 비롯해서 헤일로 프로젝트와 에이즈 자택 간호 프로그램에 참여하는 여러 가정을 보살펴 주었다. 하지만 손티는 뾰로통해서 거의 협조하지 않았다. 프놈펜으로 돌아가기 전에 좀 더 기다렸다가 자기 몫의 땅을 배정받기 원했다. 손티의 친척이 아이들을 책임지고 돌보겠다고 고집하는 바람에, 정부가 언젠가 땅을 배정해 주리라 생각하고 마지못해 그 상태로 놔두었다. 마침내 몇 달 만에 그들은 조그만 땅 귀퉁이를 받을 수 있었다. 하지만 그 위에는 아무것도 없었다. 학교가 세워지고 환경이 개선되었지만, 손티와 동생들은 여전히 어렵게 살았다. 마침내 우리는 그들이 프놈펜으로 가는 게 좋겠다고 판단해서 손티를 설득했다. 새로 받은 땅 주변에 낮은 담을 세우고, 그들이 원하면 언제라도 돌아올 수 있게 해주겠다는 약속을 하고 나서야, 프놈펜에 가기로 동의했다. 우리는 항아리와 냄비 몇 개, 옷가지를 챙겨 그들을 프놈펜으로 되돌려 보냈다.

비의 이웃이 아이들을 집으로 데려다가 돌보아 주기로 했다. 그 여인은 빈민가 교회에서 그리스도인이 된 사람이었다. 손티와 남동생들은 조용히 얼마 되지 않는 소유물을 꾸려 새로운 집으로 들어갔다. 그 집은 여섯 달 만에 있게 된 세 번째 집이었다.

새로운 집과 동네를 알게 되면서, 아이들은 그곳에 있는 활기찬 교회에 나가기 시작했다. 이 교회는 동네에서 복음에 관심 있는 사람들이 연 모임에서 시작했다. 서서히 나는 아이들이 마음을 열고 변하는 것을 보았다. 손티는 다시 유쾌한 아이가 되었고, 남동생들은 성경을 열심히 배워, 저녁에 좋아하는 구절을 공책에 쓰며 매일 부지런히 기도했다.

정말 대단한 변화가 일어났다. 헤일로 프로젝트가 여전히 쌀과 다른 생필품을 제공했지만, 그 지역 그리스도인들이 사람들을 돌보며 정서적, 영적 지원을 해주었다. 또 너무나 부족한 가족 의식을 느낄 수 있게 해주었다.

네이는 제이든을 낳고서 사창가 진료소로 돌아갈 수 없었지만, 어린이 사역에 다시 참여하기를 간절히 소원했다. 그래서 손티와 헤일로 프로젝트에 참여하는 십대 소녀들을 모아, 매일 제자 훈련을 하고 소득 얻는 방법을 가르쳤다. 매일 아침 네이와 소녀들은 모여서, 옆에서 술래잡기하는 제이든과 함께, 판매용 인사 카드와 여러 공예품을 만들었다. 그러면서 끊임없이 이야기하고 서로 격려했다. 오래 지나지 않아 네이와 소녀들은 훌륭한 디자인을 개발해 내어, 그것을 도시 주변에 있는 관광 상점과 방문객에게 팔았다. 어떤 방문객은 자기 나라에 돌아가서 팔려고 그것을 대량으로 사들였다. 적지만 꾸준히 수입이 생기면서 소녀들은 가족과 어린 동생들을 부양할 수 있게 되었다.

제자 훈련은 헤일로 프로젝트의 주요 사역이 되었다. 특히 온갖 낡은 인습과 성인이 되는 법을 배워야 하는 어려운 문제에 직면한 십대에게 이것은 아주 중요했다. 다시 한 번 나는 영라이프를 이끄는 친구에게 도움을 청했다.

함께 커피를 마시며 이렇게 말했다. "피니스, 미국에서 영라이프는 고등학교에서 사역하고 있어. 십대 청소년은 대부분 복음을 접하게 되지. 하지만 여기 캄보디아에서는 고등학교에서만 사역한다면, 수많은 십대 청소년을 놓치고 말아. 가난해서 학교에 다니지 못하거나 집에서 병든 부모를 돌보느라 학교에 다니지 못하는 십대 청소년이 많으니까."

피니스는 내가 또 무모한 계획을 내놓겠구나 생각하면서 서서히 고개를 끄덕였다. 나는 계속 말을 이었다. "우리가 협력해서 특별히 가난한 십대 고아들을 대상으로 제자 훈련 과정을 만들면 어떨까? 지금 내가 아는 청소년 2백 명이 제자 훈련, 멘토링, 직업 훈련 등을 간절히 원하고 있거든. 모두 이 지역에 살고 있어." 나는 카페 주변 빈민가를 가리켰다.

피니스는 한번 해보기로 했다. 얼마 지나지 않아 우리는 그날 같이 이야기를 나누었던 장소에서 불과 20m 떨어진 곳에 있는 작은 건물을 월 150달러에 빌렸다. 네이와 함께 카드를 만들던 소녀들이 제일 먼저 정기적으로 참여했다. 우리는 곧 영어반과 컴퓨터반을 운영했다.

피니스는 훌륭한 동역자 소피(Sopee)를 훈련 센터에 보내 사역이 궤도에 오르도록 도왔다. 소피는 제자 훈련에 열정이 있는 매력적인 청년이었다. 이어서 군티(Guntee)가 동참했다. 군티는 심각해 보이는 안경을 썼는데, 하나님을 향한 대단한 열심이 있었다.

소피와 군티는 헤일로 프로젝트에 참여하는 십대 청소년들을 일일이 심방해서 친분을 맺고, 훈련 센터에서 진행하는 여러 활동에 참여하도록 초대했다. 우리의 비전은 24시간 이용할 수 있는 센터, 즉 아이들이 환영받고 안전하다고 느끼는 안식처를 만드는 것이었다.

우리가 돌보는 십대 청소년 가운데 이미 다른 곳에서 직업 훈련을 받은 아이도 있었다. 몇몇 아이가 한 일반 단체가 운영하는 센터에 자전거를 타고 가서 전기나 미용을 배우고 있었다.

영라이프와 헤일로 프로젝트가 운영하는 훈련 센터는 점차 널리 알려졌다. 특히 약 20명으로 이루어진 핵심 집단이 열심히 훈련에 참여했다. 몇 달 전, 나는 지역사회를 도울 목적으로 세워진 데이터 입력 회사에 그들을 데리고 견학을 갔다. 그 회사는 특히 장애인과 나이 많은 고아를 고용하려고 노력했다. 우리는 십대 청소년에게 영감을 주고자 그곳에 갔다. 이 아이들이 초창기 훈련 센터에서 핵심 역할을 했다.

무엇보다도 서로 후원하는 모습이 가장 큰 격려가 되었다. 소피와 군티가 이 십대 청소년들을 훈련했는데, 시간이 지나면서 대부분은 신실한 그리스도인이 되었다. 그들은 모두 비슷한 어려움을 겪고 있었다. 부모가 에이즈로 앓고 있거나 이미 죽었기 때문이다. 이따금 그들의 부모 가운데 죽는 사람이 나왔다. 십대가 경험하기에는 너무 가혹한 일이었지만, 훈련 센터에서 만나는 후원 모임에서 도움을 주고받았다. 그들은 그런 후원을 관례로 만들었다. 부모가 죽으면 친구들에게 연락해서 상을 당한 친구를 위해 기도하는 모임을 열고, 다 같이 장례식에 참석해 연대감을 표시했다. 그런 놀라운 반응은 우리가 조종한다고 해서 이루어지는 것은 아니었다. 그것은 어디까지나 아이들의 삶에 임한 하나님의 은혜요, 성령님의 역사였다.

소피와 군티는 더 많은 아이를 훈련하고 계속 방문하면서, 성숙하고 나이가 찬 다른 십대 청소년을 초대해 동역하자고 했다. 또 우리는 이 사역의 열매를 조금씩 맛보았다. 다른 사람들의 사랑과 후원을 받은 고아들이 이제 상처를 딛고 치유자가 되어, 다른 사람들에게 사랑과 후원을 되돌려 주는 일을 했다.[2] 정말 놀라운 발전이었다.

하지만 내가 처음에 잘 알아채지 못했던 또 한 가지가 있었다. 바로 라 형제가 군티를 좋아하게 된 것이었다.

Chapter 18 **세계로 뻗어 가는
고아 사역**

캄보디아 국내외에서 갑자기 헤일로 프로젝트에 관심을 나타냈다. 유니세프 사람들이 찾아와서 우리 사역을 알고 싶다고 했다. 그들은 나중에 가장 훌륭한 실천 사례의 하나로 우리 사역에 대한 보고서를 작성하기도 했다. 여러 일반 모임과 기독교 모임에서 헤일로 프로젝트를 설명해 달라는 초청이 쇄도했다.

때때로 나는 이런 기회를 이용해서 우리 사역을 널리 알렸다. 아프리카와는 달리, 아시아에서 지역사회에 기반을 두고 고아를 돌보는 사역은 대체로 알려지지 않고, 오해받거나 무시당하는 현실을 보며 안타깝게 여기고 있었기 때문이다. 헤일로 프로젝트는 캄보디아에서 최초로 실시한 지역사회 보호 사역이었다. 나는 다른 주변 나라에서 비슷한 사역을 하고 있는 사람이 있는지 부지런히 살펴보았다. 고아원이나 아동보호시설이 여전히 활발하게 운영되고 있었다.

한번은 말레이시아에 초청을 받아 어린이 사역을 하는 지도자들 앞에서 이야기할 기회가 있었다. 그 가운데는 이미 고아원을 운영하는 사람도 여러 명 있었다. 사람들은 앞으로 어떻게 고아 사역에 더 참여할 수 있을지를 구상하고 있었다. 강의를 시작하기도 전에 여러 사람이 팔짱을 끼고 앉아 있는 모습을 보면서 생각했다. '오늘 모임이 쉽지는 않겠는데.' 나는 강의하기에 앞서 서로 소개하는 시간을 마련해 우리 사역을 알리는 간단한 비디오를 보여 주었다. 그러고서 파워포인트로 작성한 슬라이드를 보여 주었다.

> 지역사회 보호는 친부모는 아니지만 가정과 지역사회를 배경으로 개인적인 돌봄과 양육을 제공할 수 있는 사람들이 고아들을 돌보는 것을 의미한다.
> 대부분 지역사회 보호 프로그램은 예방의 요소가 강하다. 그 프로그램들이 지역사회의 문제 해결 능력을 강화해서 아이들을 고아원에 보내지 않게 해주기 때문이다.

나는 멍한 표정을 한 사람들을 둘러보고 웃으면서 이렇게 말했다. "아이들에게 육체적으로 좋은 환경에서 자라는 것 이상이 필요하다는 점은 모두 동의하실 거라고 믿습니다. 아이들에게는 의식주 이상이 필요합니다." 그러자 사람들이 고개를 끄덕였다. "아이들에게는 양육, 사랑, 개인적 관심, 정체성 형성, 사회적 관계 등이 필요합니다. 그것은 다 가족과 공동체가 제공할 수 있는 것입니다. 여러분에게 존 볼비라는 사람을 소개하고 싶습니다. 그는 대리 어머니의 필요성에 대해 매우 흥미로운 연구 결과를 내놓았습니다." 나는 계속해서 애착 이론을 이야기했다.

방을 둘러보니, 반은 서양 사람 반은 아시아 사람이었다. "때때로 우리는 부모를 잃은 아이가 중요한 사람과 모든 것을 잃어버렸다고 생각하기 쉽습니다. 그러나 서구권이 아닌 세계에서는 확대가족, 먼 친척과 인근 공동체를 매우 중요하게 생각합니다. 이웃 사람들은 서로 잘 알고 있으며, 사생활이 거의 존재하지 않습니다." 한 인도 여성과 다른 아시아 사람들이 동의한다는 듯이 고개를 끄덕였다. 나는 이렇게 주장했다. "그들이 살던 동네에 그대로 머물 수 있는 아이들은 앞으로 인생을 살아가면서 이런 후원망을 통해 지속적인 도움을 받을 수 있습니다. 지역사회 보호를 하면 아이들은 친부모와 연관이 있는 사람들과 계속 관계를 맺을 수 있습니다. 아버지와 밭에서 같이 일하면서 자란 아저씨, 어머니와 부엌에서 함께 음식을 만들며 수다를 떨던 아주머니, 어렸을 때부터 아버지와 어머니를 알고 지내서 앞으로 아이들에게 이야기를 들려줄 수 있는 이웃이 바로 그런 사람들입니다. 부모를 잃었다고 해서 아이들이 알고 사랑하는 다른 모든 사람과 헤어져야 할 이유가 어디 있습니까?"

사람들의 굳은 표정이 풀리고 조금씩 호기심을 나타냈다. 인도 여성은 사리를 매만졌다. 나는 다음 파워포인트 슬라이드를 보여 주었다.

> 지역사회 보호를 하면 아이들이 그동안 자신을 사랑하고 양육해 준 사람들과 계속 함께 머물 수 있다.
>
> 살던 동네와 가까운 곳에서 가족 같은 환경에서 자라는 고아들은 자신의 가족 및 유산과 계속 연결될 수 있으며, 부모의 죽음으로 말미암아 생겨나는 혼란과 변화에도 흔들리지 않고 안정적으로 살 수 있다.

나는 계속 이렇게 설명했다. "고아원이나 아동 보호시설 등에 오래 머물수록, 아이들은 지역사회와 분리될 가능성이 더 커집니다. 자기 가족의 역사를 알게 되면 정체성을 확립하는 데 큰 도움이 됩니다.¹ 지역사회 보호를 받는 아이들은 가족과 조상의 이야기를 듣고 배울 가능성이 더 많습니다. 아이들이 이웃과 친척과 계속 교류하면서 가문에 대해 많은 것을 알게 되면, 독특한 역사가 있는 사람들과 일체감이 형성됩니다. 고아원에서는 그런 일이 일어날 수 없습니다. 지역사회와 분리된 고아원이나 아동 보호시설에서 자란 아이들은 어른이 되어서도 사회에 적응하기가 힘듭니다." 나는 잠시 호흡을 가다듬으며 물었다. "지금까지 내용에서 질문하실 분 있나요?"

한 미국 여성이 손을 들고 질문했다. "그런데 친척이 정말 고아를 도울 수 있나요? 그들도 형편이 어려운 경우가 많고, 또 자기 아이들도 돌봐야 할 텐데. 사랑이 넘치는 기독교 보호시설에 고아를 맡기는 게 더 나을 것 같은데요?"

"수백 가정과 일해 본 제 경험에 따르면, 친척에게는 대체로 책임감이 있습니다. 그들은 고아를 잘 돌봐 주는 모르는 사람보다 낫습니다. 문제는 고아를 도울 능력이 자신들에게 있다는 사실을 잘 모른다는 것입니다. 저 길 아래에 있는 고아원에서 밝은 모습을 한 고아들을 보고, 아이들이 행복하게 살 거라고 생각합니다. 하지만 장기적으로 볼 때 누가 아이들을 더 잘 돌봐 줄 것 같습니까? 다 자라고 나서도 아이들에게는 가족이 필요합니다. 확대가족이 아니고서야 누가 그들에게 그런 관계와 소속감을 줄 수 있겠습니까?" 나는 그 여성에게 계속 답했다.

"물론 친척이 없는 경우도 있고, 있다 해도 고아를 돌볼 수 없는 경우도 있습니다." 이렇게 말하자 많은 사람이 고개를 끄덕이며 동의했다.

나는 또 좋지 않은 길로 빠지는 아이들이 있다는 점도 인정했다. "우리는 모두 거리에서 살면서 일하는 아이들을 알고 있습니다. 집이나 밭에 대해 아무런 보상도 받지 못하고 일하는 아이들도 압니다. 또 동생들을 돌보면서 가장 역할을 하는 아이도 있지요."

"그런 아이들은 누가 돌보죠?" 그 여성이 다시 질문했다. 앉은 자세를 보니 다른 사람들도 그 점이 궁금했던 것 같았다.

"그런 아이들은 우리 같은 사람들에게서 특별한 관심과 후원을 받아야 합니다. 그래야 별 탈 없이 자랄 수 있습니다." 나는 계속 설명했다. "여러 가지 이유로 확대가족과 같이 살 수 없는 아이들에게는 양부모와 특별 지원이 필요하며, 또 다른 창의적 해결 방안을 모색해야 합니다. 그러나 외부 사람은 확대가족이 돌볼 수 없는 아이들의 수를 무턱대고 늘립니다. 조사 결과에 따르면 이런 아이들은 모든 고아의 2-3%에 지나지 않습니다. 에이즈가 만연한 아프리카도 마찬가지입니다.[2] 아프리카만큼 에이즈가 만연하지 않는 아시아의 경우 확대가족망은 여전히 건재합니다."

그리고 나서 헤일로 프로젝트에 대해 이야기했다. "헤일로 프로젝트를 시작할 때, 우리는 지역 교회에서 입양 가정을 모집하는 데 많은 시간을 들였습니다. 우리는 그런 가정을 훈련하고, 면담하고, 자격 심사를 했습니다. 마지막에 가서 여러 가지 이유로 적합하지 않은 가정은 탈락시켰습니다. 그런데도 고아를 입양할 수 있는 가정은 40곳이 넘었습니다. 그러나 우리는 아직도 수많은 가난한 고아들을 돕는 일에 이런 가정들을 제대로 활용하지 못하고 있습니다. 그것은 한 가지 간단하지만 중요한 이유 때문에 그렇습니다. 우리가 확대가족의 힘과 의향을 완전히 무시하고 있기 때문입니다. 입양을 원하는 많은 부모가 있긴 하지만, 입양시키는 일은 쓸데없이 많은 아이를 살던 집에서 분리시키는 것일 수도 있습니다. 고아원에 손자를 맡기려고 우리를 찾아온 할머니들을 조금만 도와주면, 그들이 아이들을 돌볼 수 있다는 사실을 깨달았습니다. 아이 4명을 돌봐 줄 형편이 못된다던 친척들도 지금은 자립해서 잘 살고 있습니다. 오늘날까지 우리가 모집한 입양 가정은 우리가 꾸물거리기만 하고 일은 하지 않는다고 생각합니다. 우리가 아직 입양을 시켜 주지 않았기 때문입니다. 아직도 그 명단을 가지고는 있지만, 앞으로도 그들의 도움을 받을 필요가 없을 거라고 확신합니다. 할머니와 할아버지, 다른 친척들이 있습니다. 겁을 먹고 있긴 하지만 한번 해보려는 적극적인 자세를 갖고 있습니다. 자신들의 능력을 의심하고, 또 너무 가난해서 아이들을 돌볼 수 없다고 생각하는 이들은 아이들을 고아원에 보내는 것이 좋다고 판단할 것입니다. 그러나 조금만 도와주면, 대부분 전문 훈련을 받은 고아원 직원보다 고아가 된 친척 아이들을 더 잘 돌봐 줄 것입니다. 아이들을 혈육처럼 사랑하기 때문입니다. 그들에게 그것은 일이 아닙니다. 아이들이 열여덟 살이 되면 눈물을 흘리며 작별 인사를 하고 끝나는 역할이 아닙니다. 그것은 평생 지속되는 관계입니다."

사람들의 얼굴을 보니까 모두 공감하는 것 같았다. 나는 이 지도자들이 수많은 아이의 삶에 영향을 끼칠 것임을 알았다. 부모처럼 보살펴 주는 사랑의 관계가 음식과 보건 못지않게 아이들의 생존과 건강에 중요하다는 사실을 그들이 확신하기를 소원했다.[3] 고아에게는 그들을 오랫동안 돌봐 줄 '대리 어머니'가 필요하다는 사실 말이다. 확대가족과 지역사회가 주요 사회 안전망 역할을 하는 아시아의 경우 특히 더 그렇다. 나는 가족 관계를 맺지 못하면 고아들이 장기적으로 많은 어려움을 겪게 된다는 사실을 강의를 듣는 사람들이 깨닫기를 바랐다.

심리·사회적 문제 다음으로, 내가 지역사회 보호를 선호하게 된 경제적 이유를 설명했다. 기독교 기관, 일반 단체, 심지어 정부까지도 매주 고아원 아이들을 돌보는 데 많은 돈을 쓰면서, 과부, 미혼모, 할머니에게 약간의 돈을 지원해서 아이들을 집에서 돌볼 수 있게 하는 일은 생각하지 못하는 현실을 매우 안타깝게 생각했다.

애착 이론의 창시자 존 볼비는 이 문제를 더 강하게 제기했다. 그는 이렇게 말했다. "정작 집을 직접 도와주는 일에는 몹시 인색하면서, 집에서 멀리 떨어져 있는 아이들을 돌보는 일에 많은 돈을 쓰는 것은 매우 수치스러운 일이다."[4]

나는 계속 이렇게 말했다. "물론 단순히 돈 때문에 그런 것은 아닙니다. 비용 효과보다 아이들을 잘 돌보는 것이 더 중요하다고 생각합니다. 저는 한 아이를 방치해서 100만 달러를 절약하기보다 한 아이를 돌보는 데 필요하다면 100만 달러라도 쓰고 싶은 사람입니다. 그러나 하나님이 주신 자원을 지혜롭게 관리하려면 이 분야에서 이루어진 수많은 조사 결과를 참고해 가장 효과적인 곳에 돈을 써야 합니다."

나는 유인물을 나누어 주며 계속 설명했다. "지역사회 보호는 매우 효과적으로 고아들을 돌보는 방법입니다. 외부 자원에 의존하지 않고, 지역사회가 이미 가지고 있는 자원을 찾아내서 일하기 때문입니다. 세계은행의 조사에 따르면, 고아원이 입양보다 6배 더 돈이 많이 든다고 합니다. 하지만 고아원 운영비가 100배 이상 더 많이 든다고 주장하는 조사 결과도 있습니다."[5] 나는 그 문서를 흔들어 보였다.

몇 사람이 그 수치에 놀라 휴, 하는 소리를 내뱉었다. 다른 사람들 역시 천천히 머리를 저었다.

"이것이 도시빈민선교회가 선교하는 주요 방침입니다. 예수님은 이 땅에 오셔서 벼락을 내리고 천군(天軍)을 부르지 않으셨습니다. 그분은 우리에게 약하고 낮은 자의 모습으로 오셨습니다. 그분은 섬김을 받으려고 오신 것이 아니라 섬기려고 오셨습니다. 따라서 우리 도시빈민선교회는 처음부터 외부에서 자원, 기술, 돈 등을 끌어다가 일을 시작하지 않습니다. 우리는 도시 빈민가에 들어가 하나님이 이미 축복하신 자원을 주민들이 스스로 찾도록 돕는 역할을 합니다. 최선의 지역사회 보호 프로그램은 외부 자원이 아니라 지역사회 자원에 의존해 이루어집니다. 그렇게 하면 외부 기금에 덜 의존하게 되고 지역 주민의 주인 의식은 강화됩니다. 정치 상황이 유동적인 개발도상국에서는 아무리 헌신된 선교사라 할지라도 외국인이기 때문에 그곳에 오랫동안 체류할 수 있다는 보장이 없으며, 또 언제까지 외부에서 재정 지원을 받을 수 있을지 장담할 수 없습니다. 따라서 처음부터 사역이 안정적으로 이루어지도록 해야 합니다. 지역사회 자원을 찾아 활용하도록 돕는 것이 중요합니다. 그리고 어떤 지역사회든 가장 큰 자원은 사람입니다."[6]

도시 빈민의 자원. 이 말은 모순처럼 들릴지 모른다. 그러나 도시 빈민과 살아 보았기에, 도시 빈민 이웃은 구원해야 할 불쌍한 희생자가 아니라 하나님의 형상에 따라 창조된 복합적이고 쾌활하고 축복받은 존재라고 자신 있게 말할 수 있게 되었다. 강의를 듣던 사람들은 약간 미심쩍은 표정을 지었다. 나는 지역 주민이 하나님이 축복하신 자원을 스스로 찾아내도록 돕는 방법을 설명했다.

"하나님이 그들을 사용하실 수 있다는 사실을 깨닫도록 도와주는 간단한 아이디어가 있습니다. 첫째로, 우리는 자원봉사자 한 사람을 앞에 나오게 합니다. 그리고 그들에게 고아를 도울 어떤 자원이 있는지 묻습니다. 늘 '아무것도 가진 게 없다', '가난하다' 같은 대답이 나옵니다. 그러면 그들의 발을 가리키며 '하나님은 여러분에게 두 발을 주셨습니다. 고아를 찾아가 심방할 수 있도록 말입니다'라고 말합니다. 또 자원봉사자들에게 손 하나를 들게 하고 '하나님은 여러분에게 두 손을 주셨습니다. 비가 새는 지붕을 고치고, 채소밭을 가꾸고, 아이를 껴안아 주도록 말입니다'라고 말합니다. 그러면서 이렇게 말하죠. '하나님은 여러분에게 입을 주셨습니다. 착취당하는 고아를 대변하고, 슬픔에 잠긴 고아를 격려하도록 말입니다. 여러분은 고아를 찾아가서 하나님이 너를 사랑하신다고, 그리고 나 역시 너를 사랑한다고 말할 수 있습니다. 또 여러분은 하나님이 주신 두 귀를 사용할 수 있습니다. 아이들 옆에 앉아서, 그날 학교에서 일어난 평범한 일에 대한 이야기를 들어 주거나, 아니면 어머니가 죽는 장면을 보았을 때 느꼈던 정신적 충격에 대해 들어 줄 수 있습니다. 오늘 이 자리에 계신 모든 분이 다 고아들을 돕는 데 사용할 수 있는 하나님이 주신 많은 자원을 소유하고 있습니다. 이것은 돈이 드는 일이 아닙니다. 돈보다 훨씬 더 중요한 마음의 문제입니다. 우리는 모두 그런 마음을 품어야 합니다. 우리가 특별하다고 느끼는 고아들을 사랑하고 격려해 주는 그런 마음 말입니다.' 그러면 자원봉사자들은 자신도 할 수 있다는 마음을 품게 됩니다."

방을 둘러보니 많은 사람이 미소를 짓고 있었다. 그들은 내가 든 예에 비추어 자신의 삶과 사역을 반성하고 있었다. 이때까지 한마디도 하지 않던 한 필리핀 여성이 박수를 치며 이렇게 단언했다. "정말 맞는 말이에요. 우리 교회 사람들도 그런 식으로 제안하면 기꺼이 따라올 거예요." 다른 사람들도 나지막한 목소리로 동의했다.

나는 계속 말했다. "그렇습니다. 지역사회 보호의 요점은 미래에 닥칠 어려움을 해결하도록 지역사회의 역량을 키워 주는 것입니다. 그러니까 처음부터 유지할 수 있는 사역을 펼쳐 나가는 것입니다. 예를 들어, 헤일로 프로젝트를 말씀드리겠습니다. 우리는 처음에 부모와 친척들과 앞으로 고아가 될 아이들을 어떻게 돌볼지 이야기하다가 자연스럽게 그들이 전에 깨닫지 못했던 자원과 후원망을 발견하게 되었습니다. 거의 모든 경우에, 취약한 가정의 부모나 친척 들을 격려하며 약간의 재정을 지원해 주기만 하면 아이들을 고아원에 보내는 일을 피할 수 있었습니다. 지역사회 보호 프로그램은 외부 자원보다 지역사회 역량에 의존하기 때문에 적은 자원으로도 많은 고아를 보살필 수 있습니다."[7]

누군가가 가볍게 손을 들어 질문하려 했다. "예, 질문하시지요." 나는 질문자를 바라보며 말했다. 그 사람은 바깥에서 들어오는 뜨거운 열기에도, 긴 바지와 긴팔 셔츠를 입은 인도 남자였다.

"고아들을 돌볼 수 있는 지역사회의 역량이 고갈될 수도 있지 않습니까? 예를 들면, 아프리카의 어떤 지역은 에이즈로 확대가족의 연결망이 많이 사라져 버렸다고 하던데요."

나는 머리를 저으면서 대답했다. "사하라 사막 이남 아프리카에서는 아직까지도 확대가족 안전망이 경제적·사회적 위기에 대처할 수 있는 가장 효과적인 방법입니다.[8] 에이즈가 만연해 있음에도, 최근에 에티오피아, 르완다, 우간다 정부가 더는 고아원을 짓지 않기로 했다는 사실을 알면 놀라실 겁니다. 30년 내전으로 황폐해지고, 20만 명에 달하는 에이즈 환자가 있는 캄보디아의 경우, 지역사회 역량이 건물과 직원이 필요한 고아원의 역량보다 여전히 더 큽니다. 아프리카보다 에이즈 발병률이 낮은 아시아의 대부분 지역도 마찬가지입니다. 시간이 지나면서 지역 주민이 당면 문제를 해결하는 데 나서게 되고, 그러면 지역사회의 역량은 더욱 강화될 수 있습니다. 이것이 우리가 지역사회가 고아 돌보는 일을 자신의 일로 여기고 주도할 것을 강조하는 이유입니다. 지역사회가 의사 결정에 참여하고, 의식을 제고하고, 지원이 필요한 고아들을 돕는 일에 직접 개입하는 것이 중요합니다. 25년 동안 도시 빈민가에서 사역한 도시빈민선교회는 가난한 사람들이 의사 결정에 직접 참여하고 주도권을 발휘하는 것이 프로젝트의 성공을 좌우한다는 사실을 발견했습니다."

"지역사회 보호 프로그램은 지역사회의 참여도가 매우 높습니다. 고아들을 돌보는 책임이 지역사회에 있기 때문입니다. 종종 확대가족이 고아를 돌보는 일에 전적인 책임을 집니다. 자신들의 자원으로 의식주, 교육, 양육을 제공합니다. 이웃과 교회 같은 지역 기관은 아기 돌보기와 음식 나누기 등으로 어려움을 겪는 가정을 그때마다 도와줄 수 있습니다. 캄보디아의 경우, 지역사회 보호 프로그램 직원이 어떤 가정을 방문하면 보통 이웃 사람들이 문 앞에 모여 대화를 나누는데, 그러다 보면 종종 자연스럽게 문제가 풀립니다."

인도 남자가 머리를 이리저리 흔들며 몸을 앞으로 기울여 팔꿈치를 무릎에 대고는 질문했다. "하지만 친척들이 고아들을 자기 자식처럼 대하지 않거나 학대한다는 이야기도 들었는데요. 아이들을 그런 위험한 상황에서 빼내어 고아원같이 안전한 곳에서 보호하는 것이 더 낫지 않을까요?"

나는 점잖게 그것은 목욕물과 함께 아기를 버리는 것과 마찬가지라고 말했다. "한 지붕 아래 여러 사람이 있게 되면 언제나 한 사람이 다른 사람을 학대할 위험이 있습니다. 아이들이 친척과 살거나 고아원에서 살 때 학대당할 위험성은 친부모와 살 때 학대당할 위험성과 같습니다. 여러분에게 연구 조사 결과를 보여 드리겠습니다. 여러 연구 결과들에서 부모가 있는 아이에 비해 고아가 불리하다는 점을 알 수 있지만, 친척이 입양아와 친자식을 대하는 방법에 상당한 차이가 있음을 증명한 연구 결과는 거의 없습니다.[9] 가난한 가정이 고아를 입양할 때, 그 가정의 모든 아이가 어느 정도 고통을 겪게 되는 것은 분명한 사실입니다. 돈은 일정한데 아이의 숫자는 늘어났기 때문입니다. 그것이 지역사회 보호 프로그램이 나서서 이런 아이들을 후원해야 하는 이유입니다. 아이들이 불이익이나 학대를 당하지 않도록 말입니다."

사람들은 종종 아이를 고아원에 보내는 핑계를 대면서, 아이가 친척에게 학대당할 가능성이 있다고 주장한다. 하지만, 내가 아는 한 헤일로 프로젝트에 참여하는 아이들은 학대나 착취를 당한 적이 없다고 자신 있게 말할 수 있다. 나는 강의를 듣는 사람들에게 지역사회에서 아이들을 확실히 보호할 수 있도록 우리가 제시한 대책에 대해 이야기했다. 우리는 아동 보호 정책을 제정하고, 헤일로 프로젝트 직원에게 학대 징후를 파악하고 학대 문제를 다루는 방법을 가르쳤다.

"지역사회에서 일어나는 학대나 유기는 폐쇄 시설에서 일어나는 학대보다 발견하거나 알게 될 가능성이 훨씬 큽니다. 특히 인간관계가 긴밀한 개발도상국에서 그렇습니다. 학대를 발견한다고 해서 반드시 문제가 해결되는 것은 아니지만, 그것은 문제를 해결할 수 있는 첫 번째 중요한 단계입니다. 훌륭한 정책이 있다고 해서 모든 학대를 예방할 수 있는 것은 아니지요. 우리는 고아원과 지역사회에서 일어난 학대 사례를 잘 알고 있습니다. 감시와 사후 점검을 제대로 하는 것이 중요합니다."

끔찍한 사례 하나가 떠올랐다. 소녀들을 성 노예로 팔아넘기는 것으로 악명 높은 한 여성이 최근에 부모를 잃은 조카딸들을 입양하는 절차를 밟고 있었다. 그런데 조카딸들을 말레이시아로 보내기로 했다는 소문이 들렸다. 우리가 그 소녀들을 찾아가서 이야기해 보니까 순진하게도 아이들은 곧 있을 여행을 기대하고 있었다. 우리는 마을 대표를 불러서 상황을 설명했다. 마을 대표는 그 여자에게 상당한 압력을 가했고, 조카딸들은 우리가 맡게 되었다.

처음부터 헤일로 프로젝트는 감시와 사후 점검을 철저하게 했다. 그래서 불공평한 대우, 학대, 착취가 일어나지 않게 했다. 지역 주민들도 해당 가정을 감시하는 활동에 참여해서 아이들이 학대나 착취를 당하지 않도록 도왔다.[10]

또 리나(Lina)라는 작은 소녀를 한 목사 부부에게 맡긴 적이 있다. 그들은 친자식이 십대가 되거나 결혼했기 때문에 아이 하나를 돌보고 싶다고 자원했다. 에이즈 말기였던 리나 어머니는 딸이 그리스도인 가정에서 잘 자라기를 간절히 소원했다. 리나 어머니는 리나를 돌볼 다른 가족이 없다고 했다.

목사 부부가 처음으로 리나 어머니와 리나를 만나러 갔다. 그들은 과일 한 바구니를 사 와서 리나 어머니에게 리나를 잘 돌볼 테니 걱정하지 말라고 했다. 나중에 정기적으로 교인들과 함께 리나 어머니를 찾아와서 인생의 마지막 나날을 보내는 어머니를 위해 기도하고 격려했다. 나는 모든 일이 정말 잘 진행되고 있다고 생각했다. 우리는 입양된 리나를 계속 주시했다. 리나는 아무 어려움 없이 잘 지내는 것 같았다. 그러나 6개월이 지나서 그 교회 교인들 편에 목사 아내가 리나를 여러 번 심하게 때렸다는 기별이 왔다. 그 사모는 육체적으로 리나를 학대했다. 나는 우리가 리나를 제대로 돌보지 못했다는 사실에 화가 나서 그 아이를 바로 데려왔다. 결국 온티 린이 리나를 자기 집으로 데리고 갔다.

리나 문제는 헤일로 프로젝트 초기에 발생했다. 지나고 나서 보니 그렇게 한 것이 정말 잘한 일인지 모르겠다. 가난한 캄보디아 부모가 아이들을 훈육하면서 때리는 것 외에 무엇을 할 수 있을까? 방 하나짜리 판잣집에서 산다는 것은 정말 힘겨운 일이다. 그날 벌어 그날 먹고사는 가정에서 비디오 게임을 한다거나 여분의 용돈을 쓴다는 것은 사치였다. 빈민가에서 몇 년 살아 본 경험이 있는 나는 이런 상황에서 문화적으로 적절하게 행동을 바꾸려면 상당한 창의성과 지혜가 필요하다는 사실을 깨달았다.

내가 이 분야에서 겪는 어려움을 나누자 다른 사람들도 마음을 열고 자신이 겪는 어려움을 이야기했다.

누군가 슬픔을 다루는 방법을 물어보았다. 나는 미소를 지으면서 주머니에서 풍선이 든 봉지를 꺼냈다. 나는 언젠가 이런 질문이 나오기를 기다렸다. 각 사람에게 풍선을 하나씩 나누어 주면서, 아시아 문화에서는 슬픔과 나쁜 감정을 억누르는 경향이 있다고 설명했다. 불교는 고통은 환상이며 분노는 죄라고 가르친다. 따라서 우리가 아이들에게 슬픈 감정을 이야기해 보라고 하면 바로 문화 장벽에 부딪힌다. 그러나 일찌 감치 나는 이 모든 문화 장벽을 뚫고 사람들이 감정을 솔직하게 표현할 수 있도록 돕는 간단한 활동을 발견했다. "행복을 느껴 본 적이 있는 사람들은 풍선을 불어 보세요." 그러면 사람들은 입술을 오므리고 훅, 바람을 불어넣는다. "슬픔을 느껴본 적이 있는 사람들은 풍선을 불어 보세요." "분노!" 훅. "상처!" 헐떡이며 숨 쉬는 소리. "흥분!" 벌써 풍선 몇 개는 가득 부풀어 올랐다. "좌절!" 팡. 내 풍선이 터졌다. 그러자 방에 있는 사람들이 웃음을 터뜨렸다.

그리고서 내가 진지한 표정으로 말했다. "이 풍선은 우리 마음과 같습니다. 감정을 계속 억누르고 표출하지 않으면 여러 가지 문제가 생깁니다. 풍선이 터지기 전에 바람을 빼 주어야 합니다. 마찬가지로 우리 마음속에서 부글부글 끓고 있는 온갖 감정을 배출할 건전한 방법을 찾아야 합니다." 이 간단한 활동으로 방의 분위기가 고조되었다. 사람들은 서로 나지막한 목소리로 말하며, 공책에 적고 고개를 끄덕였다. 나는 서류 가방에서 하늘색 책을 꺼냈다. "이렇게 간단한 활동을 하면 문화 장벽이 사라집니다. 사람들은 곧 감정을 표출하는 방법이 무엇인지 관심을 갖게 됩니다. 우리는 사람들에게 우는 것이 건전할 수 있고, 이야기하거나 그림 그리는 일이 감정 해소에 좋다고 말해 줍니다. 그다음에 이 '추억의 책'을 보여 줍니다. 이 책은 특별히 아시아의 상황을 고려해서 만든 책입니다. 우리는 가족의 죽음이 어린 자녀에게 큰 충격을 준다는 사실을 잘 알고 있습니다. 하지만 또한 적절히 후원하고 정보를 주면, 아이들이 무슨 일이 일어났는지 이해하고 부모 없이도 잘 살 수 있다는 사실을 압니다." 나는 책을 펴서 페이지를 넘기면서 여러 활동이 담긴 사진들을 보여 주었다. 아이들은 사진을 보면서 자신이 느끼는 감정을 자연스럽게 이야기하고, 세상을 떠난 부모를 회고할 수 있다.

시계를 보니 시간이 다 되었다. "죄송합니다. 주어진 시간이 다 지났습니다. 질문이 있다면 끝나고 나서 더 이야기를 나누면 좋겠습니다."

끝나고 나서 여러 사람이 모여서 미소를 짓고 흥분하면서 이야기를 나누었다.

"정말 감사합니다." 필리핀 남자가 내 손을 꽉 잡으면서 말했다. "전에 그런 이야기를 들어 본 적이 없었습니다. 헤일로 프로젝트를 소개한 비디오를 얻을 수 있을까요? 우리 교회에 가서 보여 주고 싶습니다. 앞으로 우리 지역사회에서 일어날 일을 생각하니 정말 흥분됩니다."

다른 여러 사람이 기다렸다가 악수하고 질문을 했다. 나는 그들에게 비디오, 추억의 책 등 여러 자료를 보내 주겠다고 약속했다. 마침내 사람들이 떠나고 혼자 남았다. 발표한 자료를 정리하면서 하나님께 감사 기도를 드렸다. 방금 그 방에 앉아 있던 사람들과 고아를 돕겠다는 소명과 열정을 품은 사람들을 위해 이렇게 기도했다. "하나님, 우리에게 이 아이들을 위해 올바른 일을 할 수 있는 지혜를 주소서."

Chapter 19 고아를 위한
사회운동

입소문을 타고 빅 브라더 · 빅 시스터 프로그램은 더욱 확장되었다. 지역 교회에서 더 많은 봉사자가 고아를 돌보겠다고 지원했다. 자원봉사라는 개념이 생소한 나라에서 새로운 문화가 일어나고 있었다.

그러나 하나님은 더 크고 더 나은 일을 계획하고 계셨다. 하나님은 진 웹스터(Jean Webster)를 통해 빅 브라더 · 빅 시스터 프로그램에 대한 내 생각을 결정적으로 바꾸셨다. 진 웹스터는 짐바브웨에서 '고아를 돕는 손'(Zimbabwe Orphans through Extended hands, 이하 ZOE)이라는 사역을 개척한 어머니 같은 선교사였다. ZOE를 통해, 진은 짐바브웨 교회가 만 명이 넘는 고아를 돌보도록 했다. 진은 우리가 실시하는 빅 브라더 · 빅 시스터 프로그램에 흥미를 갖고 많은 질문을 했다. 나에게 이렇게 도전했다. "크레이그, 캄보디아 전역에 이 일이 퍼지도록 성령님이 역사하시는 것을 보려면 모든 외부 장벽을 제거해야 해요. 그래야 캄보디아 사람들이 당신 자금에 의존하기보다 스스로 그 프로그램을 운영해 나갈 수 있어요."

"우리가 재정 지원을 해주는 것은 없는데요." 내가 대답했다. "물론 매달 소풍갈 때 비용을 대 주긴 하지만…." 그 순간 나는 바로 그것이 장애물이라는 사실을 깨달았다. 진과 나는 시끄러운 회의실 한구석에서 머리를 숙이고 조용히 기도했다. 나는 눈물을 흘리면서, 진과 함께 빅 브라더·빅 시스터 프로그램이 캄보디아에 들불처럼 퍼져 나가 수많은 고아와 그리스도인 청년의 삶을 바꾸기를 기도했다.

그 순간부터 일하는 방식이 달라져야 한다는 것을 깨달았다. 하지만 나는 빅 브라더·빅 시스터에 소풍 지원을 중단해야 한다고 말하기가 부담스러웠다. 유일하게 물질을 지원하는 분야였기 때문이다. 그러나 좀 더 희생해서 스스로 소풍 비용을 마련하는 것이 합당했다. 나는 격렬한 반발, 심지어 많은 사람이 항의하며 사역에서 빠질 것도 각오했다. 우리가 너무 이기적이라고 생각하며 떠나게 될까?

모임 날이 왔다. 나는 단단히 각오하고 일어나서 말할 게 있다고 공표했다. 모두 잠잠해지더니 무슨 일인가 하며 나를 쳐다보았다. 처음에 나는 머뭇거리며 하나님이 주신 비전이 무엇인지 이야기했다. 그 비전은 그리스도인 형제 자매가 캄보디아의 모든 고아를 돌보는 것이었다. 헤일로 프로젝트에 참여하는 아이뿐만이 아니라 먼 도시와 시골에 흩어져 있는 취약한 모든 아이를 돌보는 것이었다. 그리스도인 청년이 있는 곳마다 빅 브라더·빅 시스터가 있을 것이다. 그런데 그 비전을 방해하는 한 가지 장애물이 있다고 작은 목소리로 말했다. 매달 소풍을 가는 데 외부 자금을 사용함으로써, 서양 자원에 의존하는 구조를 만들어 왔다고 말했다. 지금은 아이들이 많지 않아서 괜찮지만, 앞으로 캄보디아 전체 수만수천의 아이들을 돌볼 때는 그 비용을 어떻게 감당할 거냐고 물었다. 우리는 그동안 다른 곳에서 따라 하기 어려운 시스템을 형성했다. 강한 확신에 찬 나는 한층 더 큰 목소리로 주장했다. "서양 선교단체가 운영하는 지역사회 개발 프로그램에서 벗어나려면 캄보디아 사람이 이끌고, 캄보디아 사람이 재정을 지원하고, 캄보디아 사람이 감독하는 것이 필요합니다!" 나는 함께 기도하자고 요청했다. 우리는 하나님이 이 운동을 이끌 캄보디아 지도자를 세우시고, 이 운동이 캄보디아 전역으로 퍼져 나가게 해 달라고 기도했다.

다음 2주 동안 나는 사람들이 어떻게 반응하는지 주시했다. 얼마나 떠날지 심각하게 고민했다. 그러나 아무 일도 일어나지 않았다. 몇 주 후 나는 동생들과 축구를 하려고 모인 빅 브라더·빅 시스터의 형제 자매를 찾아갔다. 형제들이 오토바이로 고아들을 데려오려고 여러 번 왔다 갔다 하는 모습을 보고 정말 큰 감동을 받았다. 또 어디에선가 가져 온 음식을 아이들에게 나누어 주었다. 나는 머리를 숙이고 조용히 하나님께 감사 기도를 드렸다. 하나님은 나의 실수에도, 은혜와 긍휼을 베푸셨다.

나는 라 형제에게 이 그룹을 관리하는 책임을 맡겼다. 하지만 그는 헤일로 프로젝트에 참여하는 고아 수백 명을 돌보느라 다른 일을 할 여유가 없었다. 고작해야 그룹 리더들과 주간 모임을 하는 정도였다. 우리는 캄보디아 사람들 스스로 아이들을 돌보게 하겠다는 비전을 실현하는 데 적극적이기보다는 그때그때 닥치는 일을 해 나가는 수준으로 반응하고 있었다.

나는 하나님께 이 운동을 이끌 사람이 누구인지 보여 달라고 더욱 뜨겁게 기도했다. 그러면서 기대하는 마음을 품고 그룹 리더들을 한 사람씩 살펴보았다. 그들이 이끄는 팀에 속한 빅 브라더·빅 시스터들까지 살펴보았다. 그러나 적임자가 보이지 않았다. 때때로 나는 그 비전을 빅 브라더·빅 시스터 바깥에 있는 사람들과 나누어 보기도 했다. 언젠가 적임자를 찾았다고 확신한 적이 있었다. 하지만 다시 하나님이 그 문을 닫으셨다.

어느 날 아침, 나는 커피 잔을 놓고 브라이언 마헤르(Brian Maher)와 비전을 나누었다. 그는 우온 세일라(Uon Seila)와 함께 캄보디아 복음주의협의회 청년위원회를 이끄는 리더였다. 사실상 캄보디아 모든 교회 청년 그룹을 산하에 두고 있는 그룹으로, 그들은 빅 브라더·빅 시스터 프로그램을 통해 캄보디아 청소년에게 복음을 전하려는 비전을 품고 있었다. 브라이언은 호기심을 나타냈다. 우리는 곧 청년위원회와 협력해서 일할 방법을 토론했다. 그러나 먼저 그는 우온과 자문위원회에 이 일을 보고해야 했다.

몇 달 후 자문위원회에서 나를 호출했다. 그곳에서 캄보디아 복음주의협의회의 청년위원회를 통해서 빅 브라더·빅 시스터 프로그램을 착수하는 계획을 소개했다. 그곳으로 가는 길에 나는 하나님께 전할 말씀을 달라고, 그리고 하나님의 뜻이라면 위원회가 그 제안을 받아들일 수 있게 해 달라고 기도했다.

자문위원회는 캄보디아에서 가장 존경받는 목사와 기독교 지도자로 구성되어 있다. 마음을 진정하면서, 나는 캄보디아 고아들을 위해 간절히 호소했다. "캄보디아에서 고아 7만 7천 명이 에이즈로 죽어 가는 부모를 간호하고 있습니다. 그런데 교회는 지금 그들을 위해 무엇을 하고 있습니까? 여러분이 사역하고 있는 그리스도인 청년들은 어떻게 믿음을 실천하고 있습니까?" 내가 계속 말을 이어가자 몇 사람이 고개를 끄덕였다. "캄보디아의 모든 그리스도인 청년이 교회에 다니지 않는 고아 하나를 동생으로 삼는다면 얼마나 큰 영향을 끼칠 수 있겠습니까? 빅 브라더·빅 시스터 프로그램은 단순하지만 엄청난 능력이 있습니다."

그때 한 목사가 질문했다. "그런데 당신은 왜 캄보디아 복음주의협의회를 통해 이 일을 하려는 겁니까? 독자적으로 비정부기구를 세워서 일할 생각은 없나요?"

첫 번째 질문을 한 목사에게 다른 목사가 이렇게 대답했다. "빅 브라더·빅 시스터라는 사람들이 우리 교회를 찾아와서 청년들과 이야기하고 싶다고 하면, 나는 '누구이신가요? 무엇을 원하나요? 무슨 자격으로 여기에 왔지요?'라고 말할 겁니다. 그러나 캄보디아 복음주의협의회 청년위원회에서 왔다고 하면 환영할 겁니다. 아무래도 청년위원회를 통해서 일하는 것이 좋죠."

"네, 그렇습니다." 내가 맞장구쳤다. "우리는 캄보디아 복음주의협의회가 필요합니다. 빅 브라더·빅 시스터는 캄보디아 교회가 주도권을 잡고 관리해야 하기 때문입니다. 게다가 청년위원회는 거의 모든 캄보디아 그리스도인 청년 그룹에서 환영받고 있습니다."

뒷자리에 앉아 있던 우락부락하게 생긴 사람이 목소리를 높여 말했다. "그런데 그것이 청년위원회에 무슨 도움이 되지요? 우리를 당신의 비전을 이루는 도구로 사용하려는 건 아닌가요?"

"이것은 청년위원회의 비전입니다." 나는 그 말을 받아 대답했다. "여러분은 그리스도인 청년들을 훈련하기 원합니다. 이것이야말로 청년들이 캄보디아에서 하나님 나라 확장에 기여할 수 있는 일입니다. 성경공부만 하고 실천할 기회를 주지 않아서 신학적으로 머리만 큰 사람을 만들지 마시고, 또 커서 목사나 교회 지도자가 될 때까지 기다리게 하지 마시고, 그리스도인 청년에게 지금 교회와 지역사회에서 할 수 있는 실제적인 역할을 주십시오. 아이들을 돌보면서 상담하고 격려하고 훈련하는 것보다 그리스도인 청년의 믿음을 실천할 더 좋은 방법이 어디 있습니까?"

마침내 자문위원회 위원들은 만족하며 동의했다.

"이 일은 우리가 반드시 참여해야 하는 일입니다." 누군가가 말했다.

"그렇습니다. 우리에게 꼭 필요한 일입니다." 또 다른 사람이 말했다.

그리하여 제안이 통과되었다. 빅 브라더 · 빅 시스터는 공식적으로 캄보디아 복음주의협의회 청년위원회의 사업이 되었다. 브라이언은 싱긋 웃으면서 내 등을 두드리고 이렇게 말했다. "해냈군요. 축하합니다."

우리는 계속 일을 추진했다. 브라이언과 우온과 나는 정기적으로 모임을 열었다. 그때마다 나는 사회운동에 대한 비전을 열심히 설명했다. 그 운동은 성령님이 인도하시고, 하나님이 주신 기회를 지혜롭게 활용하며, 외부 자금이 아니라 지역 교회 자원을 동원해 추진하는 운동이 될 것이다. 나는 이 운동이 관료적이고 기계적인 틀에 갇히는 것을 원하지 않았다. 그렇게 되면 생명과 정신은 고갈되고 말 것이다.

우리는 그해 내내 청년 캠프와 수련회를 찾아가서 빅 브라더 · 빅 시스터 프로그램에 대한 비전을 소개했다. 그 프로그램에 참여하라고 하나님이 부르신다고 생각하는 청년은 나중에 자신의 교회에 가서 목사에게 이야기하도록 했다. 목사, 청년 지도자, 청년이 비전을 품으면, 우리가 그 교회에 가서 청년 그룹을 훈련하면 된다. 이 훈련은 2-3일이 걸리는데, 마지막 시간에 우리는 목사 및 청년 지도자와 함께 빅 브라더·빅 시스터가 되고자 하는 사람들을 면담하고 적격 여부를 심사했다. 그다음에는 지역 대표와 목사를 연결해, 주변 마을에서 가난한 고아를 선발했다. 우리는 특별히 빅 브라더·빅 시스터와 관련이 없는 사람을 선발하도록 조치를 취했다. (사람들이 조카나 사촌을 뽑는 경우가 있었기 때문이다.) 또 고아들은 교회를 다니지 않는 아이들이어야 했다. 교회가 이미 자체적으로 고아들을 돌보는 경우가 있었기 때문이다.

이렇게 연결하고 나면, 빅 브라더·빅 시스터는 한 달에 한 번 모여 기도하고, 최소한 일주일에 한 번 동생들을 방문했다.

두 번 실수를 하고서 이 운동을 이끌 관리 책임자 2명을 세웠다. 두 사람은 처음에는 빅 브라더·빅 시스터 프로그램의 자원봉사자였는데, 나중에 청년위원회 사무실에서 전임으로 일하게 되었다.

언젠가 우리가 빅 브라더·빅 시스터로 수고하는 모든 봉사자와 그들이 돌보는 아이들을 프놈펜 남쪽에서 두 시간 거리에 있는 폭포로 초청해 대규모 행사를 개최한 적이 있다. 그들이 잔디 위를 어슬렁어슬렁 거리는데, 몇몇 청년이 찬송가를 불렀다. 그 가운데는 처음으로 소풍을 나온 사람이 많았다. 나중에 내가 일어나서 종종 하던 대로 아이들에게 하나님 사랑에 대한 메시지를 전했다. 나는 에스더라고 하는 작은 고아 소녀의 이야기를 했다. 소녀는 하나님의 도움으로 바사 제국의 왕비가 되어 이스라엘 민족을 구출한다. 그 이야기를 아이들의 삶에 적용했다. "하나님은 여러분도 사용하실 수 있어요. 사람들이 여러분에 대해 뭐라고 말하든지, 사람들이 여러분을 어떻게 부르든지 상관없어요. 하나님은 고아를 사랑하시며, 여러분의 인생을 위한 놀라운 계획을 갖고 계세요. 하나님은 그분을 따를 어린이를 찾고 계세요. 하나님은 여러분 가운데 이 나라의 훌륭한 지도자가 나오길 바라세요. 어떤 사람은 그리스도인 사업가가 되고, 또 어떤 사람은 그리스도인 교사, 어떤 사람은 목사와 전도사가 될 겁니다." 나는 그때 분위기에 도취되어 이렇게 말했다. "실제로 오늘 이 자리에 앉아 있는 여러분 가운데 캄보디아 최초의 그리스도인 수상이 될 사람도 있을 겁니다." 모든 아이와 그들을 돌보는 형제 자매는 이 말에 진지한 미소를 지었다. 몇몇 사람은 믿지 못하겠다는 듯이 머리를 저었다.

그러나 바로 뒤에서 모리카(Molica)라는 작지만 당찬 소녀가 손을 높이 들더니 확신에 찬 목소리로 외쳤다. "저예요. 크레이그 아저씨! 수상이 될 사람은 바로 저예요."

나는 꼬마 요정 같은 그 아이의 얼굴을 쳐다보면서 북받쳐 오르는 감정을 주체하기 어려웠다. 내가 알기로 열세 살 난 모리카는 에이즈로 죽은 어머니를 간호한 적이 있으며, 지금 아버지마저 병세가 악화되어 어려움을 겪고 있었다. 모리카는 매일 아침 시장에 가서 음식을 사다가 아버지와 어린 두 남동생을 먹이는 일을 도맡아 했다. 헤일로 프로젝트의 도움으로 모리카는 학교를 계속 다닐 수 있었지만 그게 전부였다. 모리카가 대학을 졸업해 언젠가 캄보디아의 수상이 되는 것은 고사하고, 고등학교를 졸업하는 것만도 거의 기적에 가까운 일이었다. 그러나 마음속으로 나는 성경의 하나님이 이스라엘 민족을 구원하시려는 놀라운 계획의 일환으로 에스더라고 하는 작은 고아 소녀를 외국의 왕비로 만드셨다면, 동일한 하나님이 모리카라고 하는 이 작은 고아 소녀를 캄보디아의 수상으로 세워, 부서지고 찢긴 이 나라에 치유와 희망을 줄 수 있다고 믿는다.

모리카의 언니도 동생을 바라보며 미소를 지었다. 나는 앞에 있어서 들을 수 없었지만, 모리카가 스스로 이렇게 속삭였을 거라고 상상한다. "물론이지. 난 내가 캄보디아의 수상이 될 수 있다고 믿어."

Chapter 20 **사탄의
공격과 배신**

헤일로 프로젝트와 빅 브라더·빅 시스터 사역이 진행되면서 영적 전쟁도 치열해졌다. 크리스틴과 수잔(Susan)이 안식년으로 1년 동안 자리를 비우면서, 나는 캄보디아 도시빈민선교회의 팀 리더 역할을 떠맡았다. 나는 외국인 팀과 캄보디아 팀을 관리하는 일에 더 많은 시간을 들이게 되었다. 또 헤일로 프로젝트뿐만 아니라 도시빈민선교회에서 진행하는 여러 가지 다른 프로젝트도 감독해야 했다.

도시빈민선교회는 지난 10년 동안 캄보디아 도시 빈민 가운데 살면서 여러 가지 사역을 해 왔다. 현재도 이런 프로젝트를 통해 매년 수천 명의 사람을 섬기고 있다.

도시빈민선교회에서 진행하는 사역에는 '작은 정복자들'이라고 부르는 활기찬 사역이 있다. 이것은 우리 동네 빈민가에 사는 장애아 백여 명과 그 가족을 돌보는 사역이다. '영양 공급 프로젝트'는 영양이 부족한 아이들을 먹이는 사역이다. '지역사회 공중위생 프로젝트'는 지역 학교와 도시 빈민가에 화장실을 짓고 우물 파는 사역을 했다. '여성 건강 프로젝트'는 조산사와 협력해 임산부와 여성 건강을 돌보는 일을 하면서, 사창가에서 진료소를 운영했다. 또 우리는 교육, 자택 간호, 헤일로 프로젝트로 고아들을 돌보는 등 다양한 '에이즈 사역'을 실행했다.

이 기간에 우리는 여러 가지 도시빈민선교회 프로젝트 운영을 공식적으로 캄보디아 동역자의 손에 넘기려고 노력했다. 예를 들면, 이미 매일 사무를 보며 자원봉사자 수백 명을 감독하는 온티 린 같은 전임 그리스도인 직원이 대표적인 동역자였다. 이 일은 여러 해에 걸쳐 제자 훈련과 멘토링, 코칭과 훈련을 통해 이루어졌다. 캄보디아 동역자들은 자신들의 이름과 규칙으로 세운 캄보디아 토착 NGO를 설립하는 일에 최선을 다했다.

캄보디아 동료들은 정부와 오랜 시간 지루한 협상을 한 끝에 마침내 자신들의 단체를 캄보디아 토착 기관으로 등록했다. 우리는 2004년 10월 1일 고아와 장애인, 지역 목사와 정부 관리 등 4백 명을 초청해서 거대한 축하 모임을 열었다. 모든 직원과 자원봉사자는 TASK('가난한 자들을 위한 건강과 개발'이라는 뜻을 지닌 캄보디아 두문자어)라는 글자가 등 뒤에 쓰인 갈색 티셔츠를 입었다. 그날은 정말 하나님께 영광을 돌리고 큰 자부심을 느낀 날이었다. 한 정부 관리가 일어나서 이런 일을 해준 그리스도인들에게 진심으로 감사하다는 인사말을 전했다.

TASK 직원들은 공동 관리 책임자 2명과 대표 1명을 선출했다. 이 경건한 임원들이 앞으로 3년 동안 조직을 이끌어 나가고, 그 후 다시 새로운 지도자를 뽑을 예정이었다. 우리는 계속 캄보디아 동료를 지원하고 그들에게 조언할 것이지만, 관리하고 감독하는 책임은 어디까지나 그들의 몫이었다. 흥망성쇠의 운명이 달린 굉장히 중요한 시기였다.

공식적으로 조직을 이양하고 몇 달이 지난 어느 날, 공동 관리 책임자 가운데 한 사람인 포브(Pauv)가 나를 찾아와 재정에 이상이 있는 것 같다고 말했다. 자전거 10대를 특별히 구입한 것과 온티 린이 작성한 영수증이 미심쩍다는 것이었다. "회계 감사원이 몇 가지 모순을 발견해서 제가 온티 린에게 자전거 구입 건을 설명해 달라고 했습니다."

나는 꾸짖듯 대꾸했다. "포브, 온티 린을 너무 나쁘게 말하지 마세요. 내가 보기에 공정하게 한 것 같은데요."

그러나 포브는 추가 조사를 해서 수상한 영수증을 여러 개 더 찾아냈다. 마침내 포브와 다른 두 직원이 자전거 상점에 가서 영수증의 출처를 물어보았다. 자전거 상점 주인들은 전혀 모르는 영수증이라고 주장하면서, 그것이 어떻게 위조되었는지 설명해 주었다. 그 이야기를 듣고 나는 울화가 치밀었다.

우리는 온티 린을 직접 만나 이 문제가 어떻게 된 것인지 이야기를 들어 보기로 했다. 다음 날 아침 모임을 열었다. 우리는 사무실 바닥에 둘러앉았다. 무거운 침묵이 흘렀다. 무슨 말을 해야 할지 답답하기만 했다. 그러다가 누군가가 위조 영수증을 발견하기까지 과정을 이야기하기 시작했다. 나는 그 사람에게 빨리 진행하라고 재촉했다. 마침내 경과 보고가 끝나자 사람들이 기대하는 눈빛으로 나를 쳐다보았다.

아마 그때가 내 인생에서 가장 어려웠던 순간이었던 것 같다. 나는 온티 린을 향해서 떨리는 목소리로 물었다. "이 영수증을 위조한 것이 맞습니까?" 나는 조용히 온티 린에게 납득할 수 있게 설명해 달라고 간청했다.

"제가 영수증을 위조했습니다"라고 온티 린이 부드럽게 중얼거렸다.

지난 몇 년 동안 내가 정성을 다해 훈련하고 지도한 여성이 죄를 인정하면서 바닥을 내려다보고 있었다.

나는 눈물을 흘리며 "왜 그랬나요?"라고 물었다. "왜 이런 일을 했나요? 어떻게 그럴 수가 있지요?" 나는 북받쳐 오르는 감정을 주체할 수가 없었다. 배신감을 느꼈다. 하지만 그보다도 온티 린이 너무나 불쌍해 보였다. "TASK는 이런 일을 용납하지 않는다는 사실을 잘 알지요?"

"네, 압니다. 규정을 잘 알고 있습니다. 면직된다는 걸 알고 있습니다." 온티 린이 나지막한 목소리로 말했다. 더는 말이 필요 없었다. 우리는 몇 달 전에 다른 프로젝트와 함께 헤일로 프로젝트의 리더십을 TASK에 공식적으로 이양한 바 있다. 이 일은 더는 내 소관이 아니었다. 온티 린을 비롯한 모든 사람이 동의해 만든 규정에 따라 그를 해고하기로 결정했다. 우리는 이 문제를 경찰에 넘기지 않기로 했다. 하지만 횡령한 돈은 온티 린이 받을 연금에서 공제하기로 했다.

온티 린의 횡령 소식을 듣고 헤일로 프로젝트에 참여하는 수많은 가정이 분노했다. 이의를 제기하고 탄원하는 사람도 있었다. 온티 린은 그동안 그들의 삶에 깊숙이 개입해 온 데다, 그런 일은 캄보디아에서 일상적으로 일어나는 일이었기 때문이다. 나는 속이 몹시 불편했다. 혼자 있을 때 비통하게 울었다. 그리고 나 자신에게 화가 났다. 부분적으로는 내 책임도 있었기 때문이다. 결국 현금 관리 시스템을 만든 것은 나였다. 그것은 엄청난 프로젝트였다. 온티 린이 유혹을 느낀 데는 나의 책임이 컸다. 얼마 안 되는 월급을 받으면서 거대한 예산을 다루는 일을 한다면 횡령을 안 한다고 누가 장담하겠는가? 회복, 은혜, 용서가 있어야 되는 것은 아니었던가?

며칠 지나서 포브가 내게 새로 만든 재정 시스템을 보여 주었다. 다시는 이런 일이 일어나지 않도록 심혈을 기울여 만든 것이었다. 우리는 이 분야 전문가인 영국인 회계사에게 새로 만든 시스템을 점검해 달라고 부탁했다. 그는 그것을 살펴보고 몇 가지 제안을 해주었다. 새로 엄격한 시스템을 만들어 잘못되는 일이 없도록 했지만, 유감스럽게도 온티 린을 구하기에는 너무 늦었다.

온티 린이 떠나자 후유증이 컸다. 사역과 내 마음과 수많은 어린이의 삶에 많은 상처와 아쉬움과 어려움을 남겼다. 나는 잠시나마 다시 프로젝트를 관리하는 책임을 맡겠다고 했다. 그러나 포브와 TASK의 다른 지도자들은 외국인이 다시 책임을 맡는 것은 퇴보라고 생각했다. 나는 이 경건한 사람들을 자랑스럽게 여겼다. 앞으로 또 이런 위기가 오겠지만, 그들은 잘 대처할 수 있을 거라고 생각했다.

하지만 우리는 새로운 지도자가 필요했다. 무엇보다도 도시빈민선교회가 돕는 가족들이 사는 곳을 알아내는 일이 시급했다. 그 당시 프로젝트에 참여하는 아이들의 수는 거의 천 명에 육박했다. 그 아이들을 온티 린과 라 형제가 나누어 돌보고 있었기 때문에 온티 린이 돌보던 절반은 우리가 맡아야 했다. 다행스럽게도 대부분 에이즈 자택 간호 프로그램에서 소개해 준 아이들이었기에, 우리는 자택 간호 프로그램 봉사자들에게 아이들을 만날 수 있도록 협조를 부탁했다. (참고로 이야기하면 빈민가에는 주소가 없다.) 어떤 아이는 이사를 갔다. 다행히 우리는 몇 주에 걸쳐 아이들의 명단을 복구할 수 있었다. 이 기간에 도시빈민선교회의 다른 프로젝트를 섬기다가 온 유능하고 젊은 캄보디아 여성이 그 일을 맡게 되었다. 우리는 함께 이전보다 튼튼한 사역의 기초를 다졌다. 하는 일이 너무 많기 때문에 헤일로 프로젝트 팀에 두 사람이 더 필요하다고 판단했다.

마침내 라 형제를 헤일로 프로젝트의 책임자로 세우기로 결정했다. 그는 심성이 착한 훌륭한 일꾼이었다. 또 조직을 다시 편성하고 두 사람을 더 고용해 일 부담을 덜었다. 나는 헤일로 프로젝트가 계속 발전해서 수많은 도시 빈민과 고아의 삶에 큰 영향을 끼치게 될 거라고 확신했다. 하나님 은혜로 큰 위기를 무사히 넘기고, 이전보다 더 강력하고 현명하게 사역하게 된 것을 깨닫고 안도의 한숨을 내쉬었다.

PART 5

밴쿠버 빈민가, 이스트사이드로 떠나다
(2006년)

Chapter 21 **하나님의 약속**

온티 린 문제가 터졌을 때, 네이는 둘째 아이를 낳았다. 미가(Micah)라 부르는 예쁜 여자 아이였다. 새 생명의 탄생과 함께 하나님이 우리를 새로운 사역으로 부르고 계심을 인식했다. 여러 가지 변화가 일어나고 있었다. 그 당시 나는 도시빈민선교회 국제 대표직을 맡아 달라는 부탁을 받았다. 도시빈민선교회는 내 멘토 비브 그릭이 설립하고, 내가 소속되어 있는 선교단체다. 그런데 문제는 선교 업무상 출장을 많이 다녀야 하는데, 그러려면 캄보디아를 떠나야 했다. 네이와 나는 오랫동안 기도하면서 하나님의 인도를 구했다. 마침내 우리는 격변 가운데서 하나님의 약속을 볼 수 있었다. 우리가 최전선에서 물러나면, 하나님은 우리를 사용하여 아시아에 더 많은 추수꾼을 일으켜 세우실 것이라는 약속이었다.

캄보디아는 하나님이 10년 전에 나를 부르셨던 장소, 또 그분이 네이가 어렸을 때부터 돌아와서 섬기라고 명하신 나라였다. 이곳을 떠난다는 것은 우리에게 몹시 어려운 일이었다. 캄보디아는 지난 6년 동안 우리가 낳은 두 아이와 함께 살아온 국가였다.

프놈펜을 떠나기 몇 달 전 어느 날, 마을 대표의 아내가 우리를 만나러 왔다. 그 여인은 엔드 오브 더 로드 빈민가가 철거될 거라고 말했다. 우리가 살던 커다란 낡은 아파트 건물이 불량 판정을 받고 폭파될 예정이라는 것이다. 네이와 나는 시 당국이 또 한 번 우리를 추방시키려 한다고 말하면서 웃음을 터뜨렸다. 그러나 아무래도 상관없는 일이었다. 우리는 이미 캄보디아를 떠나기로 마음먹었으니. 우리는 이웃 사람들을 국제연합과 연결해서 캄보디아 정부에게서 보상금을 제대로 받을 수 있도록 도와주었다. 이웃 사람들은 벌써부터 부동산 개발업자에게 땅을 팔았다.

헤일로 프로젝트의 고아들은 잘 관리되고 있었다. 에이즈에 걸린 아이 400명 이상이 헤일로 프로젝트를 마치거나, 더는 우리의 도움을 필요하지 않게 되면서 이사를 갔다. 현재 또 다른 600명이 보살핌을 받고 있다. 첫 번째 고아들이 대학에 진학하고, 더러는 결혼하기도 했다. 어떤 고아는 결혼해서 아기까지 낳았다. 아이 수백명과 가족과 이웃이 하나님 나라 복음의 영향을 받았다. 우리는 그리스도로 말미암아 진정으로 변화된 수많은 삶을 목격했다.

헤일로 프로젝트의 새로운 팀은, TASK 팀과 도시빈민선교회 동료들의 지도와 후원을 받으면서 하나님의 은혜 가운데 사역을 잘 감당했다. 라 형제가 영라이프의 군티와 결혼하는 경사도 생겼다. 그들은 우리에게 혼전 상담을 부탁했다. 내년에 호주, 뉴질랜드, 필리핀에서 새로운 팀 동료들이 도시빈민선교회에 합류할 것이다. 그러면 캄보디아 도시빈민 선교는 그들의 창의성과 전문 기술이 더해져 더욱 발전할 것이다.

비의 마을과 여러 다른 장소에 활기 넘치는 신자들의 공동체가 형성되었다. 빅 브라더·빅 시스터 운동도 캄보디아 전역에서 교회 청년 모임을 통해 들불처럼 확산되었다. 약하고 의심 많은 우리를 통해 위대한 일을 행하신 하나님을 찬양했다.

이 모든 이야기는 정말 아주 작은 일에서 시작되었다. 그것은 한 빈민가 동네에 들어가 살면서 시작된 일이었다. 그러나 그것은 예수님이 일하셨던 방법이기도 하다. 말씀이 육신이 되어 우리 가운데 거하셨다.

이제 예수님이 밴쿠버 빈민가에서 도시빈민선교회 팀을 세우는 일을 하도록 우리를 새로운 곳으로 인도하심을 느꼈다. 나는 예수님이 우리에게 주신 성경 원리인 성육신, 공동체, 총체성, 섬김, 단순성을 밴쿠버 빈민가 이스트사이드에 어떻게 적용할 수 있는지 확인하고 싶었다.

Chapter 22 **일어나 행동하라**

자칭 무당은 오래전에 죽었다. 지금은 그 사람의 아내를 만나러 가고 있다. 우리가 맨 처음 캄보디아 빈민가에 들어와 이웃이 되고 친구가 된 지 벌써 몇 년이 지났다.

골목길에는 골이 진 양철과 허름한 목재로 만든 다 쓰러져 가는 오두막집이 줄지어 있었다. 그곳은 우리가 한때 살던 동네였다. 남자들이 그늘 아래 앉아 카드놀이를 하고 있었고, 여자들은 자신이 사는 작은 집 앞에서 음식을 팔고 있었다. 이 길 끝 북쪽에는 빅토리 크릭 브릿지가 있었다. 그곳은 지금 해충이 기어다니고 악취가 심한 폭 3m의 하수도가 되고 말았다. 뜨겁고, 공기는 탁하고, 그늘이나 나무 한 그루조차 보이지 않았다.

처음에 아무도 덥수룩한 갈색 머리에 키 큰 외국인이 그보다 키가 작은 중국인처럼 보이는 아내와 함께 찾아온 것을 알아채지 못했다. 그런데 어디선가 한 아이가 외친다. "크레이그 아저씨! 네이 아줌마!" 아이들이 주변에 몰려들고 반갑다는 듯이 우리 팔을 잡는다. 우리가 떠난 사이 훌쩍 키가 커 버린 십대 아이들도 수줍은 듯이 이를 드러내고 싱긋 웃으면서 우리를 쳐다본다. 백발을 한 여성들이 활짝 웃으면서 반갑게 머리를 숙여 인사한다. 네이는 곧 예전 이웃과 어울려 이야기를 나눈다. 나는 아내를 두고 자칭 무당의 과부를 만나러 갔다.

나무로 만든 문을 조금 밀어 열면서, 어두운 안쪽을 유심히 들여다보았다. 무당의 아내가 다운증후군을 앓는 아들 보를 위해 점심을 준비하고 있을 거라고 추측했다. 방구석에는 죽은 남편을 기념하는 제단이 세워져 있을 것이다. 그는 무당이 되려고 열심히 노력했지만 동네에서 인정받지 못했다. 그의 원혼을 달래는 제물로 제단에는 며칠 지난 바나나나 시든 꽃 몇 송이가 놓여 있을 것이다. 코로 메스꺼운 향냄새를 맡을 수 있다. 그것은 동네 귀신을 달래려고 태우는 선향에서 나는 고약한 냄새다.

서서히 어둠에 적응되어 방을 둘러볼 수 있게 되자 나는 움찔하고 놀랐다. 이게 어떻게 된 일인지 믿을 수가 없다.

- 남녀 무리 10-15명이 바닥에 둥그렇게 앉아 있다.
- 사람마다 무릎 위에 성경을 펼쳐 놓은 채 예수님을 찬양하고 있다.

의심스러운 눈초리로 나는 저 멀리 앉아 있는 과부를 바라보았다. 나는 곧 과부가 과거의 그 사람이 아니라는 사실을 알 수 있었다. 그 여인의 얼굴, 특히 피곤에 찌들어 있던 눈은 기쁨으로 완전히 변해 있었다. 여인은 미소를 지으면서 나를 올려다보았다. 그 표정은 마치 "하나님은 참 좋으신 분이에요" 하고 말하는 것 같았다. 한때 빈민가에서 가장 절망적이었던 자칭 무당의 집에서 한 교회가 세워졌다.

캄보디아를 떠나기 직전에 이 책을 썼다. 나는 아시아의 모든 도시에 사는 도시 빈민 아이들을 마음에 품고 있다. 그들은 지금 영적, 육체적 어두움 속에 산다. 아시아 경제가 성장할 때 누린 유익이라고는 고작 거리에서 빠르게 달리는 고급 승용차를 본 게 전부인 아이들. 하늘에 계신 아버지의 사랑을 아직 알지 못하는 아이들. 쓰레기를 뒤지고 동냥을 해서 하루하루 먹고사는 아이들. 내일 아침이 되면 이 아이들 가운데 3만 명이 죽는다.

하나님은 이 아이들 한 사람 한 사람 때문에, 희망과 꿈을 찾아 도시에 나왔다가 고통과 불의만 겪게 된 모든 가정 때문에 마음이 몹시 아프실 것이다. 그분은 우리에게 이렇게 말씀하신다. "누구든지 나를 따라오려거든 자기를 부인하고 자기 십자가를 지고 나를 따를 것이니라" (막 8:34).

예수님은 "가난한 자들은 항상 너희와 함께 있거니와"(요 12:8)라고 말씀하셨다. 예수님을 믿고 따르는 자로서 우리는 가난한 곳으로 그분을 따라가야 한다. 가난한 자들과 친구가 되고자 예수님이 가신 곳으로 가고, 예수님이 행하신 것을 행하려고 가난한 곳으로 가야 한다. 예수님은 어떤 사람을 세계에서 가장 가난한 나라로 부르실 것이다. 그러나 서양의 부자 나라에도 예수님이 찾아가실 어두운 구석이 있다. 서양의 도시 빈민가에도 가난과 슬픔, 중독, 노숙자, 매춘과 상처가 있다.

교회는 가난한 자들에게 진정한 동정을 베풀라는 명령에 제대로 순종하지 못했다. 가난한 자들과 함께 고통을 겪고, 어두운 곳에서 예수님을 따르라는 명령에 온전히 반응하지 못했다. 그 대신 가난한 자들과 적당히 떨어져 살면서, 가끔 그들을 찾아가 봉사하고 자선을 베푸는 것으로 만족했다. 가난한 자들과 진정한 관계를 맺기보다는 그동안 살아온 생활 방식을 그대로 유지하면서 이따금 선을 행하는 데 만족했다.

그러나 지금, 어둠 가운데 빨갛게 타는 깜부기불처럼 전 세계에서 각성이 일어나고 있다. 평범한 중산층의 생활, 노후 대책, 전원주택 등에 관심이 없는 젊은 세대가 일어나고 있다. 복음 전도와 사회 활동을 구분하는 옛 방식은 이 세대에게는 의미가 없다. 말씀과 행위는 뗄 수 없는 관계다. 이 청년들은 온전한 헌신에 사로잡혀 있는 사람들이다. 이 새로운 세대는 예수님을 섬기는 데 모든 것을 희생할 각오가 되어 있는 사람들이다. 그들은 단순히 예수님을 숭배하는 자 이상이 되기를 원한다. 바로 예수님을 따르는 제자가 되기를 원한다.

제자들은 같은 마음을 품은 다른 사람들을 찾아 함께 공동체를 건설할 것이다. 살기 어려운 장소에서 아름다움과 은혜가 어우러진 단순하고 적절한 삶을 살 것이다. 또 팀을 이루어 세상에서 가장 어두운 곳으로 나아갈 것이다. 그곳은 바로 아시아의 대도시 빈민가와 소위 선진국에 소수 민족이 모여 사는 빈민가 게토다.

지난 날 본국과 선교지로 구분하던 선교 방식은 이제 의미가 없다. 선교지는 바로 그들이 사는 곳이기 때문이다. 고통과 상처, 가난과 불의가 있는 곳마다 그들은 예수님처럼 그곳에 있을 것이다. 어린이, 노숙자, 마약중독자, 알코올중독자의 얼굴에서 하나님의 은혜와 생기를 볼 것이다. 역설적이지만 고통, 가난, 죽음이 있는 바로 그곳에서 예수님을 만나게 될 것이다.

부록

아시아 도시빈민선교회 / 고아 사역을 위한 조언 / 고아 관련 사역 참여 안내

URBAN HALO

부록 1 아시아 도시빈민선교회

도시빈민선교회는 예수님을 철저하게 따르는 국제 운동이다. 25년여 동안 아시아 대도시 빈민가에 살면서 사역하는 팀들이 연결된 단체다. 이 운동은 비브 그릭이 시작했다. 그는 필리핀 마닐라에서 4년에 동안 선교사로 활동하면서, 그 도시에 사는 가난한 사람 수백만 명이 처한 절망적 상황에 부담을 느꼈다. 빈민가에 사는 개신교 선교사가 한 사람도 없는 것에 충격을 받았다. 그리하여 타탈론 빈민가에 방을 하나 빌려 살기 시작했다. 빈민가에 살면서 사역하는 최초의 선교사가 된 것이다. 그렇게 아시아 도시에 사는 가장 가난한 사람들에게 복음을 전하는 운동이 탄생했다. 지금은 전 세계 도시 빈민을 대상으로 사역하고 있다. 우리는 도시 빈민과 그들이 사는 지역이 그리스도로 철저히 변화되는 비전을 품고 일한다.

도시빈민선교회 사역자는 다섯 가지 성경 원리에 입각해 사역한다.

1. 성육신

도시빈민선교회 사역자는 도시 빈민 가운데 들어가 함께 산다. 그들에게서 배우고, 진정한 관계를 맺고, 그들의 삶과 고통에 참여하고, 그들의 언어와 문화를 배우려고 그들 가운데 들어간다. 예수님의 사랑을 그들의 처지에서 가장 잘 나타낼 방법을 찾고자 그들 가운데 들어간다.

2. 공동체

도시빈민선교회 사역자는 그들이 사는 지역사회에 헌신하면서, 후원 팀들과 함께 예수님이 말씀하신 사랑과 돌봄과 공동체를 구현한다. 우리는 사람들을 위해서 일하지 않고, 사람들과 함께 일한다.

3. 총체성

하나님이 '만물을 구속하고' 부자와 가난한 자를 차별하지 않고 삶을 온전하게 회복하는 사역에 집중하시기 때문에, 도시빈민선교회 사역자는 정의를 위해 일하고, 하나님의 은혜를 선포하고, 모든 것을 기도로 그분께 올려 드린다. 우리는 예수님의 복음이 말과 행위와 능력으로 선포되는 것을 보기 원한다.

4. 섬김

도시빈민선교회 사역자는 이 땅에 "섬김을 받으려 함이 아니요 도리어 섬기러 오신" 예수님을 겸손히 따르고자 노력한다. 그것이 참된 지도자의 길이다. 우리는 가난한 자들의 손에 결정권을 넘겨서 그들을 세워주려고 노력한다. 외부 자원이나 전문 기술로 가난한 자를 통제하려고 하지 않는다. 우리는 희생과 고통을 감수할 준비가 되어 있다. 그것이 예수님과 가난한 자들의 삶을 신실하게 나눌 유일한 방법이다.

5. 단순성

도시빈민선교회 사역자는 수많은 사람이 가난하게 사는 한, 풍요한 삶을 살 '권리'를 내려놓고 내외적으로 단순한 삶을 살기로 헌신한다. 우리는 자아에 사로잡혀 있는 세상에 예언의 소리를 외치는 자가 되고자 한다.

우리는 이 다섯 가지 사역 원리와 함께 다음 다섯 가지 가치를 우리 선교 공동체에서 구현하고자 한다.

1. 은혜

우리가 행하는 모든 것은 우리를 향한 하나님의 후하고 과분한 사랑, 호의, 용서에 근거하고 유지된다. 이 깊은 은혜로 말미암아 우리는 불건전한 노력, 경쟁과 자책, 다른 사람들을 판단하는 일을 피할 수 있다.

2. 축하

우리는 예배로 하나님께 영광 돌리며 사람들을 축하하는 자리를 가능하면 자주 마련하려고 한다. 아무리 사소한 것이라 할지라도 사람들이 이룩한 모든 성취와 업적을 축하하려 한다. 우리는 우리 자신을 너무 대단하게 생각하는 것을 거부하고, 다른 사람들에게 관대한 사람이 되기를 소원한다.

3. 아름다움

우리 삶과 가정과 지역사회와 세계에서 아름다움을 찾아내고, 또 창조함으로써 하나님께 영광 돌리고 영혼을 새롭게 한다. 특히 우리는 자기 자신과 다른 사람 안에 있는 아름다움을 보고 축하하기를 소원한다.

4. 창의성

우리는 감각, 상상력, 정신, 육체를 활용해 하나님이 주신 창조적 잠재력을 개발하고 그것으로 하나님께 영광 돌린다. 글을 쓰고, 이야기를 하고, 시를 짓고, 음식을 만들고, 음악을 듣고, 그림을 그리고, 다른 여러 가지 예술 활동을 할 때 우리 영혼은 만족하며, 하나님께 기쁨을 드린다.

5. 휴식

하나님은 인간이 일하고 쉬고 생각하며 살도록 지으셨다. 즉 일주일에 한 번 안식일을 취하도록 하셨다. 우리는 원기를 회복하고 평온해지기 위해, 또 하나님과 다른 사람들과의 관계를 더 깊게 누리기 위해 휴식을 취하라는 하나님의 명령에 순종한다.

도시빈민선교회에 대한 정보를 더 알고 싶은 사람은 웹 사이트(www.servantsasia.org)를 방문하거나 이메일(info@servantsasia.org)로 직접 연락하기 바란다.

부록 2 고아 사역을 위한 조언

헤일로 프로젝트 사역이 여러 해 동안 급속히 성장하고 확대되면서 나는 캄보디아 고아 사역을 평가하고 반성해 보는 게 중요하다는 사실을 깨달았다. 또 사역하면서 배운 교훈을 문서로 남겨야겠다고 생각했다. 마침 대학원에서 지역사회 개발을 공부하면서 자연스럽게 여러 가지 유형의 고아 사역을 살펴보는 조사 프로젝트를 수행할 수 있었다.

프놈펜에 있는 거의 모든 고아원을 방문하고 고아 300명을 심층 면접했다. 그 가운데 150명은 고아원에 사는 아이들이고, 또 다른 150명은 지역사회에 사는 아이들이었다. 또한 캄보디아에서 고아원을 운영하는 여러 사람을 면담했다. 그들이 어떤 과정을 거쳐 고아 사역을 했는지 더 잘 이해하려는 목적에서였다.

이 글에서, 나는 앞으로 고아 사역을 하려는 사람들을 위해 그동안 조사한 결과를 요약하고, 헤일로 프로젝트와 여러 관련 서적에서 배운 교훈을 소개하고자 한다. 이 글은 고아 사역을 후원하면서 그 분야를 좀 더 알려는 교회와 개인에게도 유익할 것이다.

나는 이미 고아원이 고아들에게 여러 가지 부정적 영향을 끼친다는 사실을 증명하는 몇몇 조사를 간단하게 언급한 바 있다. 고아들을 조사해 보면, 사회 부적응, 공격성, 요구 행동, 수면 장애, 과잉 애정 표현, 또는 정반대로 애정 억제, 사회적 미성숙, 우울증 등이 상당할 정도로 나타나고 있다. 내가 직접 관찰한 것도 크게 다르지 않았다.

예를 들어, 고아 5천 명 이상을 관찰하고 연구한 벤더(Bender)가 매우 가난한 아이 250명을 조사한 적이 있다. 이 아이들 중에는 태어날 때부터 고아원 생활을 한 아이가 많았다. 벤더 박사와 연구원은 많은 아이가 나중에 입양되고도 사랑을 받아들이고, 다른 아이들과 어울려 노는 데 어려움을 겪는다는 사실을 발견했다. 또 이 아이들이 어른들과 접촉해 보려고 열심히 노력했지만, 만족을 얻지 못한다는 사실도 발견했다. 아이 10명을 선정해, 어른이 되고 나서 인생을 추적해 보았는데, 그 결과 10명 모두 여전히 다른 사람들과 관계 맺고 적응하는 데 어려움을 겪고 있었다.[1]

벤더 박사는 고아원이 성격 발달에 악영향을 끼친다는 이론을 시험하려고 수많은 연구를 했다. 한 예로, 박사는 고아원에서 오랫동안 생활한 청년 15명을 조사했다. 이들을 연령, 성, 부모의 배경을 고려해서 입양 가정에서 성장한 청년 15명과 비교했다. 박사는 이 두 집단의 차이가 엄청났다고 주장했다. 고아원 출신 아이들은 입양 가정에서 자란 또래 아이보다 지성, 사회적 성숙성, 집중력, 학업 성취 등 모든 면에서 현저히 수준이 낮았다.

로레이(Lowrey)는 어린 시절에 상당 기간 고아원에서 산 경험이 있는 아이 28명을 연구했다. 그리고 나서 모든 아이가 공격성, 요구 행동, 수면 장애, 과잉 애정 표현, 또는 정반대로 애정 억제 같은 부적격 인격 발달 증세를 나타낸다는 사실을 발견했다.[2] 골드파브(Goldfarb)도 고아원에서 자란 아이 40명과 입양 가정에서 자란 아이 40명을 비교해 보았다. 행동 문제 점검표를 활용해 비교한 결과, 고아원 출신은 모두 여러 가지 부정적 증세를 나타낸 반면, 입양 가정 출신은 3분의 1만이 그런 증세를 보였다. 가장 많이 드러난 문제는 과잉 행동이었다.

연구 조사 결과에 의하면, 아이들이 어릴수록 고아원에서 나쁜 영향을 더 많이 받는다. 그 예로, 긴들(Gindl), 헷처(Hetzer), 슈투름(Sturm)은 발달 연령 테스트를 사용해서 최소한 6개월 이상 고아원에서 산 경험이 있는 2세 이하 어린이 20명을 조사해 보았다. 그들은 이 아이들의 평균 발달 지수가 부적당한 집에서 자란 아이보다도 상당히 낮은 것(10점 더 낮음)을 발견했다.[3]

더 최근에 이루어진 한 연구는 루마니아의 한 고아원에서 무작위로 아이 25명을 선정해서 지역사회에 사는 아이 11명과 비교해 보았다. 케일러(Kaler)와 프리먼(Freeman)은 여러 종류의 발달 테스트를 활용해서 아이들을 시험해 보았다. 그 결과, 고아원 출신 아이들은 모두 상당히 낮은 인지·사회 발달 수준을 나타냈다. 낮은 점수가 출생 시 체중, 고아원에 들어갈 때 나이, 체류 기간과는 아무런 상관이 없음을 발견했다. 그와 대조적으로, 지역사회에서 보호받은 아이들은 사회적 상호 작용, 의사소통 및 놀이 분야에서 정상적인 모습을 보였다.[4]

레바논에서 실시한 한 연구도 고아원이 어린아이에게 끼치는 영향을 두고 같은 결론을 내렸다. 데니스(Dennis)는 레바논에서 고아원 출신 아이들을 추적해 보았다. 그는 고아원에서 지낸 아이들의 지능지수를 비교해 보고서, 입양 시 연령과 지능지수 사이에 상관관계가 있음을 발견했다. 그가 조사한 결과에 따르면, 입양 시 나이가 많을수록 지능지

수는 더 낮았다. 그는 고아원 아이들은 가능한 빨리 고아원에서 나와야 한다고 결론을 내렸다.[5]

나이가 많은 아이도 다소 영향을 받는다. 보드먼(Bodman)과 동료들이 실시한 한 연구는 고아원에서 자라는 십대 청소년 51명과 학교를 다니는 비슷한 연령의 52명을 비교해 보았다. 학교에 다니는 청소년 역시 부모를 잃었으며, 어떤 아이는 전쟁으로 고향에서 강제 추방당한 경험이 있었다. 하지만 그들은 가족과 같이 살았다. 연구자들은 고아원에서 자라 지역사회와 친척과 접촉이 적었던 청소년이 결국 세상에 나가 그리 성공하지 못한다는 사실을 발견했다.[6]

다른 유사한 연구들은 특별히 아이 1명당 적절한 수의 직원이 근무하는 고아원들을 조사해 보았다. 예를 들어, 스웨덴 연구자 클라켄버그(Klackenburg)는 수준 높은 여러 고아원을 연구했다. 그곳에는 아이 3명당 1명의 간호사가 있었다. 하지만 클라켄버그는 고아원에 있는 아이와 입양 가정에 있는 또래 아이의 정저적 안정도에 상당한 차이가 있음을 발견했다.[7]

마찬가지로, 피셔(Fischer)는 한 가톨릭 고아원에 사는 아이 189명을 조사해 보았다. 그곳에서 아이들은 개인적인 관심을 많이 받고, 어른들과도 자유로이 대화했다. 하지만 3분의 1이 정서 문제로 고통을 겪고 있음을 발견했다. 특히 수동성과 과잉 행동 문제가 심각했다.[8]

장기간에 걸쳐 실시된 흥미로운 한 연구가 있다. 그 연구는 7세, 11세, 16세, 23세, 33세까지 대상자를 추적했다. 연구 조사자들은 '불안 조사 일람표'라 부르는 테스트를 활용해서 23세와 33세의 우울증 경향을 측정했다. 조사 결과, 고아원 출신은 그렇지 않은 사람보다 우울증 경향이 훨씬 크게 나타났다. 혹시 다른 변수 때문에 그런 결과가 나왔을지 모른다고 생각한 연구 조사자 청(Cheung)과 뷰캐넌(Buchanan)은 다른 요인들을 제거해 보았다. 이를테면 어린 시절 경험한 가난과 같은 요인을 제거했다. 하지만 여전히 고아원에서 산 경험은 우울증 경향에 상당한 영향을 끼치는 것으로 밝혀졌다.

나는 또 앞에서 볼비의 '애착 이론'을 간략하게 소개했다. 애착 이론은 이 같은 슬픈 결과가 나온 이유를 잘 설명해 준다. 이 이론에 따르면, 고아들이 많은 어려움을 겪는 이유는 고아원에서 아이들을 적절하게, 지속적으로 돌봐 주는 대리 어머니가 부족하기 때문이다.

또 고아원은 지속성이 부족하다. 지역사회 보호와 비교해 상대적으로 비용이 많이 들고, 건물 규모와 직원 수의 제약을 많이 받기 때문이다. 고아원과 보육 시설은 지역사회가 고아들을 돌볼 책임을 빼앗는다. 그래서 지역 주민의 참여가 줄어들고, 가난한 지역사회는 고아들을 돌볼 능력이 없다고 생각하게 된다. 아이들은 가족과 지역사회와 분리되고, 어른으로 살아갈 준비를 할 수 없는 처지에서 자라게 된다. 또한 아이들이 고아원에 들어가면 부모에게서 물려받은 땅이나 재산을 파렴치한 이웃이나 친척에게 빼앗길 가능성이 많다.

대안으로 부상한 지역사회 보호도 학대와 비난을 받을 소지가 없는 것은 아니다. 또 고아들을 돌보는 보호자를 위한 지원과 자료도 많이 부족하다. 하지만 그런 문제는 전문 단체의 도움을 받아 어느 정도 해결할 수 있다. 지역사회 보호를 하면 아이들은 확대가족, 지역사회와 계속 연결될 수 있으며, 그것은 결국 아이들에게 위로와 후원의 중요한 원천이 된다. 지역사회 보호를 하면 더 많은 지역 주민과 아이들이 참여하게 되고, 그것은 자연스럽게 지속적으로 아이들을 돌봐 줄 기반이 된다. 마지막으로, 그리스도인으로서 지역사회 보호를 하면 지역사회 전체에 그리스도의 영향을 미칠 수 있다. 고아원 사역은 세상과 고립된 환경에서 자라는 소수의 아이에게만 영향을 끼치기 쉽다.

그러나 이미 고아원과 보육 시설에서 사는 아이들을 무시하거나 잊어서는 안 된다. 고아원과 보육 시설을 폐쇄할 필요는 없다. 하지만 과감하게 고아원과 보육 시설을 고아와 가족을 후원하는 지역사회 센터로 만들어 가야 한다. 이같이 어린이들을 고아원과 보육 시설에서 해방하는 탈시설화 과정은 하루아침에 일어날 수 없다. 그것은 여러 단계를 거쳐 이루어져야 한다.

탈시설화 단계 1: 심사

첫째, 고아원에 아이들을 보내는 이유를 재검토해야 한다. 많은 아이가 가난 때문에 고아원에 들어가는 것은 잘 알려진 사실이다. 고아원에서 아이들을 받아들이기에 전에 진행하는 평가 과정, 즉 심사를 강화하고 지속적으로 검토해야 한다. 국제연합 아동권리선언 9조에 따르면, 부모가 살아 있고 확대가족이 존재하는 아이들은 학대받는 경우를 제외하고 고아원에 들어갈 수 없다. 고아원에 허입하기 전에 다음과 같은 질문을 하면 도움이 된다.[9]

- 이 아이가 특별히 보호받아야 할 이유는 무엇인가?
- 이 아이의 의견은 어떤가?
- 이 아이는 어떻게 느끼는가?

- 이 아이는 특별한 추적 치료가 필요한 독특한 경험(학대, 전쟁 경험 등)이 있는가? 있다면 그 문제를 어떻게 다룰 것인가?
- 고아원은 이 아이를 잘 돌볼 능력을 갖추고 있는가?
- 이 아이에게 이미 그 고아원에 들어가 있는 형제가 있는가? 함께 그 고아원에 들어갈 형제가 있는가?
- 이 아이는 허입과 그 이유에 대해 무슨 말을 들었는가? 그것을 믿는가?
- 이 아이는 허입을 위해 어떤 준비를 했는가?
- 다른 대안을 시도하거나 모색한 적이 있는가?
- 이 아이가 고아원에 들어가면 어떤 유익이 있는가? 그 가족에게는 어떤 유익이 있는가?
- 이 아이를 돌보는 구체적인 계획은 무엇이며, 아이는 얼마나 오랫동안 머무는 게 좋은가?
- 이 아이와 가족의 형편을 어떻게 정밀하게 살필 것인가?
- 이 아이는 왜 자기 집에 있을 수 없는가?
- 이 아이를 집에서 살게 하려면 어떤 후원이 필요한가? 누가 그 후원을 해줄 수 있는가?
- 앞으로 이 아이가 가족과 지역 주민과 만날 수 있도록 어떤 계획을 세웠는가? 아이는 이 사실을 알고 어떤 기대를 하고 있는가?
- 이 아이를 고아원에 데려오는 데 필요한 서명한 문서가 있는가?
- 이 아이에게 고아원 외부에 보호자가 있는가?

가난한 부모가 아이를 위한다며 고아원에 맡기려는 경우, 생활수준을 높여 부모가 직접 아이를 키울 수 있도록 적극적으로 지원해야 한다.

또 부모는 돈이 그렇게 중요하지 않다는 사실을 알 필요가 있다. 아이들에게 중요한 것은 사랑이 넘치는 관계다. 고아원에서는 그런 사랑을 줄 수 없다. 따라서 가족의 생활수준을 높이는 건전한 전략을 추진하는 한편, 부모의 의식 수준을 높이는 교육에 힘써야 한다.

아이들이 부모를 다 잃은 경우에도, 그들을 돌봐 줄 친척은 거의 있다. 그 친척은 고아를 정신적으로 격려해 주고, 또 때때로 적지만 물질적으로 도와줄 수 있다. 따라서 고아를 돌보는 일에 적절한 확대가족을 후원하는 일에 더욱 힘써야 한다.

탈시설화 단계 2: 재통합

다음 단계는 아이들이 가정과 지역사회에 돌아갈 수 있도록 가족을 찾아 재통합시키는 것이다. 고아원에는 가족이나 친척과 바로 재통합할 수 있는 아이들이 있다. 특히 가난 때문에 고아원에 들어온 경우가 그렇다. 아이를 고아원에 보낼 수밖에 없었던 상황을 개선하려면, 지속적인 물질 후원이나 재정을 벌 수 있도록 보호자의 능력 개선이 반드시 필요하다. 고아원 후원자는 지역사회를 중심으로 아동 보호가 이루어질 수 있도록 그 가족을 계속 후원해 줘야 한다.

재통합을 시도하기 전에, 사회복지사는 고아원 직원과 협력해서 재통합이 옳은지 신중하게 검토해야 한다. 아이들이 스스로 하는 이야기를 들어 보고, 그들의 의견을 십분 고려한다.

탈시설화 단계 3: 장기 양육

시설에 수용된 많은 아이가 HIV와 에이즈 같은 병에 걸려 있으며, 정신적 충격이 큰 상실과 심각한 학대를 경험한 적이 있다. 게다가 신체 장애나 학습 장애가 있는 경우도 있다. 이 아이들이 제대로 발달하고 성장하려면 특별한 도움과 주의가 필요하다. 하지만 시설의 능력과 구조적 한계는 이 아이들의 필요를 제대로 채워 주지 못하는 경우가 많다. 학대, 질병, 장애, 또는 다른 특수한 상황으로 가족이 아이를 돌볼 수 없는 경우, 지역사회에서 적절한 입양 가정을 찾아 준다. 아이를 계속 돌봐 줄 대리 어머니를 마련해 주는 것이다. 아이를 시설에 보내야 하는 유일한 경우는 매우 특별한 돌봄이 필요해서 도저히 그 문제를 해결할 수 없을 때다. 그런 경우에도 병원에 입원하는 것처럼 가능한 일시적으로 고아원에 있는 것이 좋다. 몇몇 발달 이론가는 에이즈 바이러스에 감염돼 항바이러스 치료를 받는 아이들이 그런 경우에 해당한다고 말한다. 하지만 애착 이론을 근거로 볼비가 주장하는 바에 따르면, 성인과 관계를 맺으며 양육받아야 하는 문제가 여전히 미해결 과제로 남는다. 물론 그런 경우가 많은 것은 아니지만 말이다.

탈시설화 단계 4: 지역 중심

본래 고아원이었던 장소는 이제 어려움을 겪는 가정과 그 자녀를 후원하는 지역사회 센터로 역할이 바뀐다. 지역사회 센터는 전에 시설에서 살던 아이들을 돌봐 주는 일을 한다. 하지만 점차 사역을 확대해서 취약한 가정들을 돌보는 일도 한다. 고아원 직원은 사회복지사로 계속 일하거나 다른 일을 찾아 떠난다.

부록 3 고아 관련 사역 참여 안내

고아 사역을 더 알고 싶다면

데이비드 톨프리가 지은 책 《지붕과 뿌리: 개발도상국 고아를 위한 돌봄》(Roofs and Roots: The Care of Separated Children in the Developing World, 1995)은 고아와 위기에 처한 아이들을 돌보는 문제를 표현한 가장 좋은 책이다. 광범위한 조사에 근거해, 톨프리는 분리 예방의 중요성을 강조하며 보육 시설의 결점을 상세히 기록했다. 그리고 그 대안으로 탈시설화 및 보육 시설의 개선 방안을 논의했다.

월드비전(World Vision)

에이즈 희망 사역(HIV/AIDS Hope Initiative)은 탁월한 훈련 지침을 개발했다. 이 책은 고아들을 섬기려는 자원봉사자를 훈련하려고 만든 것인데, 제목은 《지역사회에서 고아와 취약 아동을 돌보기 위한 동원 및 강화 방법》(Mobilizing and Strengthening Community-led Care for Orphans and Vulnerable Children)이다. 이 지침서는 추억의 책, 상담, 유언장 작성, 위생, 교육 등의 주제를 망라하고, 총 19과로 구성되어 있다.

비바 네트워크(Viva Network)

〈CHRIS-CABA Journal〉은 HIV나 에이즈에 감염된 어린이를 대상으로 사역하는 그리스도인과 기독교 단체를 위해 특별히 만든 온라인 교육 자료다. 비바 네트워크 웹 사이트에 들어가면 이 저널과 어린이 사역과 관련된 광범한 자료를 접할 수 있다(www.viva.org).

《어린이를 축복하기》(Celebrating Children)은 어려운 환경에 처한 아이들을 위해 일하는 사람들을 도우려고 성경에 근거해 만든 교과서이자 훈련 교과 과정이다. 이 책은 아동 발달 분야에서 이룩한 일반적, 기독교적 통찰과 조사 결과를 종합해서 만든 독특한 자료다. 다양한 상황에 처한 아동 이해, 경청, 위험 및 회복, 총체적 선교, 프로그램 및 직원 개발 등의 주제를 다루고 있다(www.celebratingchildrentraining.info).

빌딩 블록(Building Blocks)

빌딩 블록은 고아와 취약 아동과 일하도록 돕는 도구, 원리, 전략 등이 담겨 있는 자료다. 이 자료는 지역사회 활동을 후원하는 안내서, 실천 지침을 포함하고 있으며, 또 보건, 영양, 교육, 심리·사회적 후원 및 다른 여러 주제에 대해 유익한 조언을 제공한다. 온라인에서 아프리카, 아시아의 여러 언어로도 이용이 가능하다. International AIDS Alliance의 웹 사이트를 방문해 보라(www.aidsalliance.org).

영국 티어펀드(Tearfund UK)

이 기관은 위기에 처한 아이들을 위해 사역하는 그리스도인에게 도움이 되는 포괄적 자료를 제공한다. 그중에는《아동을 위한 거주지 돌봄과 대안》(Children in Residential Care and Alternatives)이라는 유익한 소책자가 있다. 티어펀드는 또 〈PILLARS〉를 발행하고 있다. 이것은 지역사회 개발을 배울 수 있도록 만든 것으로, 실제적인 토론 자료를 많이 제공한다. 이 지침서는 지역사회의 소그룹에서 사용할 수 있도록 제작되었다(www.tearfund.org/tilz).

아시아 도시빈민선교회를 더 알고 싶다면

도시빈민선교회는 나이를 불문하고 예수님의 가르침을 따라 살려는 사람, 도시 빈민 가운데 들어가 사역하려는 사람을 찾고 있다. 우리의 비전, 가치, 원리가 당신의 것과 일치한다면, 도시빈민선교회와 함께 장기로 일할 수 있는 가능성을 살펴보라.

도시빈민선교회는 매년 소수의 사람에게 아시아 도시(몇몇 서구 도시 포함)에서 단기 인턴 사역을 할 수 있는 기회를 제공한다. 가난한 자들을 향한 하나님의 마음을 발견하는 일에 집중하면서, 인턴들은 어느 빈민가의 주민 집에서 살게 된다. 그다음에 도시빈민선교회 팀 동료들을 정기적으로 만나 함께 기도하고 자문을 받으며, 선정된 멘토의 지도에 따라 지정 도서들을 읽고 묵상한다.

때때로, 도시빈민선교회는 단기 훈련 코스 및 집회를 개최하기도 한다. 더 자세한 정보를 얻기 원하는 사람은 도시빈민선교회에 연락하라(www.servantsasia.org).

주

Chapter 3 캄보디아 단기선교

1. J. Bonk, *Missions and Money: Affluence as a Western Missionary Problem* (New York: Intercultural Publications Inc., 1991), p.45.

Chapter 5 뉴질랜드 오클랜드 빈민가 훈련

1. United Nations Human Settlements Program, *The Challenge of Slums: Global Report on Human Settlements* 2003 (London: Earthscan Publications, 2003).
2. V. Grigg, *Companion to the Poor: Christ in the Urban Slums* (Waynesboro: Authentic and World Vision, 2004).《가난한 자들의 친구》(IVP 역간).

Chapter 6 빅토리 크릭 브릿지의 무당

1. '동정'(compassion)이라는 말은 라틴어 쿰(cum)과 파티(pati)에서 유래한 것으로, 그 뜻은 '함께 고통을 겪는다'는 것이다. Henri Nouwen의 말에 따르면, 동정은 심한 고통을 겪고 있는 사람들이 있는 곳으로 직접 가서 그곳에 집을 짓는 것을 의미한다.
2. 성육신과 십자가에 대한 이런 생각들은 J. Bonk, *Missions and Money* (1991)에 잘 정리되어 있다.

Chapter 7 빈민가 상자 속의 삶

1. 다른 사람들이 겪는 극심한 고통을 진지하게 바라보는 데서 시작한 '구속적 고통'이라는 예언적 행위는 당장 그 결과가 드러나는 실용적 구제보다 더 가치 있다.

Chapter 8 고아원 아이들

1. UNICEF/USAID/UNAIDS, *Children on the Brink 2004: A Joint Report on Orphan Estimates and Program Strategies* (Washington DC: UNICEF/USAID/UNAIDS, 2004a), p.12.
2. UNICEF/USAID/UNAIDS, *Children on the Brink* (2004a), p.25.
3. HIV 양성 어머니에게서 태어난 아이의 약 27%가 에이즈 바이러스에 감염된다. 출산할 때 전염될 가능성이 가장 크다. 또 모유를 먹일 때 전염되기도 한다.
4. 이런 생각은 J. Keenan, *Moral Wisdom: Lessons and Texts from the Catholic Tradition* (New York: Rowman & Littlefield Publishers Inc., 2004)에 분명하게 표현되어 있다.
5. Khmer HIV/AIDS NGO Alliance; KHANA, *Appraisal of Needs and Resources for Children Affected by HIV/AIDS in Cambodia* (UK: NAM Publications, 2001).
6. S. Alkenbrack, "The Social and Economic Impact of HIV/AIDS on Families and Children in Cambodia", POLICY Project. PowerPoint presentation (Sunway Hotel, Phnom Penh, Cambodia, 23 August 2004).
7. S. Alkenbrack, "The Social and Economic Impact".
8. S. Alkenbrack, "The Social and Economic Impact".
9. S. Alkenbrack, "The Social and Economic Impact".
10. K. Carswell, "The psychosocial wellbeing of orphans and vulnerable children in the Thai/Cambodia border areas", PowerPoint presentation (Sunway Hotel, Phnom Penh, Cambodia, 23 August 2004).
11. K. Carswell, "The psychosocial wellbeing".
12. K. Carswell, "The psychosocial wellbeing".

13. Save the Children, *A Last Resort: The growing concern about children in residential care* (London: International Save the Children Alliance, 2004), p.1.
14. A. S. Dybdal and G. Daigle, *The national survey of providers at alternative care for children in Cambodia: Survey Report* (Phnom Penh: MOSALVY/UNICEF, 2002), p.15.
15. KHANA, *Appraisal of Needs and Resources* (2001).
16. 말라위에서는 어른과 아이들의 관점에 차이가 있었다.

    G. Mann, *Family Matters: The Care and Protection of Children Affected by HIV/AIDS in Malawi* (New York: International Save the Children Alliance, 2002), cited in J. Williamson, *A family is for a lifetime* (Washington DC: The Synergy Project, USAID, 2004).

    국제연합 아동권리선언 12조는 어린이는 성숙도와 이해력에 따라서 자신에게 영향을 끼칠 의사 결정에 참여할 권리를 갖는다고 진술한다. 의사 결정에 참여할 권리는 해당 어린이의 연령, 경험, 이해력에 따라 결정되어야 한다.
17. A. S. Dybdal and G. Daigle, *The national survey of providers at alternative care for children in Cambodia: Survey Report*, p.6.
18. UNICEF/USAID/UNAIDS, *Children on the Brink 2004: A Joint Report on Orphan Estimates and Program Strategies*, p.25.
19. A. S. Dybdal and G. Daigle, *The national survey of providers at alternative care for children in Cambodia: Survey Report*, p.59.
20. 같은 책, p.16.
21. S. Chinn, *The HOSEA Project survey of alternative care in Phnom Penh and Kandal Province, Cambodia 2002* (Phnom Penh, Cambodia: 미출간 원고로 2005년 9월 저자에게 직접 입수), chart 3.1. 그리고 A. S. Dybdal and G. Daigle, *The national survey of providers at alternative care for children in Cambodia: Survey Report*, p.16을 보라.
22. A. S. Dybdal and G. Daigle, *The national survey of providers at alternative*

care for children in Cambodia: Survey Report, p.16.
23. KHANA, *Appraisal of Needs and Resources for Children Affected by HIV/AIDS in Cambodia*.
24. S. Chinn, The HOSEA *Project survey of the level and quality of child-care in the temples of Kandal Province, Cambodia 2004* (Phnom Penh, Cambodia: unpublished, acquired from the auther September 2005), p.9.
25. HOSEA, *Child-care in the Temples* (2004), p.9.
26. 대표적 연구 결과가 이 책 부록 2에 소개되어 있다.
27. S. Provence and R. Lipton, *Infants in institutions: a comparison of their development with family-reared infants during the first year of their life* (New York: International University Press, 1962).
28. W. Yule and N. V. Raynes, 'Behavioural Characteristics of Children in Residential Care in Relation to Indices of Separation', *Journal of Child Psychology and Psychiatry and Allied Disciplines*, 13 (1972), p.249-258.
29. C. H. Zeanah, C. A. Nelson, N. A. Fox, A. T. Smyke, P. Marshall, S. W. Parker and S. Koga, 'Designing research to study the effects of institutionalization on brain and behavioral development: The Bucharest Early Intervention Project', *Development and Psychopathology*, 15 (2003), p.885-907.
30. M. Rutter, L. Andersen-Wood, C. Beckett, D. Bredenkamp, J. Castle and C. Groothues, 'Quasi-autistic patterns following severe early global privation', *Journal of Child Psychology and Psychiatry and Allied Disciplines*, 40 (1999), p.537-549.
31. D. Tolfree, *Roofs and Roots: The care of separated children in the developing world* (Aldershot, UK: Arena, 1995), p.142.
32. 뮬러 재단이 오늘날 여전히 고아와 위기에 처한 어린이를 돌보는 사실을 나중에 알았다. 새로운 연구 결과가 나오면서 그들은 고아원 모델을 버리고 더 나은 방법을 따르고 있다. 현재, 아이들을 가정에 입양시키는 일을 열심히 하고 있다.

Chapter 9 대리 어머니

1. J. Bowlby, *Maternal care and mental health* (London: Her Majesty's Stationery Office, 1951).
2. 같은 책, p.13.
3. A. Freud and D. Burlingham, *Infants without Families* (London: George Allen and Unwin Ltd., 1944).
4. A. S. Dybdal and G. Daigle, *The national survey of providers at alternative care for children in Cambodia: Survey Report*, p.50.
5. HOSEA, *Alternative Care* (2002), p.8.
6. A. S. Dybdal and G. Daigle, *The national survey of providers at alternative care for children in Cambodia: Survey Report*, p.51.
7. 많은 연구 결과에 따르면 지역사회 보호가 비용 효율성이 더 높다. 또 많은 사람이 거주 시설을 짓고 유지하는 데 드는 많은 비용을 계속 마련하기가 쉽지 않다.

   C. Desmond and J. Gow, *The cost effectiveness of six models of care for orphan and vulnerable children in South Africa* (University of Natal, Durban: UNICEF: Health Economics and AIDS Research Division, 2001).

   C. Desmond and T. Quinlan, 'Costs of Care and Support' in K. Kelly, W. Parker and S. Gelb (eds.) *HIV/AIDS, Economics and Governance in South Africa: Key Issues in Understanding Response. A Literature Review* (Johannesburg: USAID/Cadre, 2002).

   G. Foster, 'Orphan care in Zimbabwe-a community response', *AIDS Analysis Africa*, 10 (1999), p.2, 14-15.

   S. Johnson, P. Modiba, D. Monnakgotla, D. Muirhead, and H. Schneider, *Home Based Care for People With HIV/AIDS in South Africa: What will it cost?* (Johannesburg: Centre for Health Policy, University of Witwatersrand, 2001).

   H. Loening-Voysey, and T. Wilson, *Approaches to caring for children orphaned by AIDS and other vulnerable children: Essential elements for a quality service* (미출간 보고서, UNICEF by the Institute for Urban Primary Health Care, 2001).

J. Wright, *Working on the Front Line: An Assessment of the Policy Context and Responses of AIDS Housing and Related Service Providers in the Durban Metropolitan Area* (Durban: Built Environment Support Group, 2001).

8. HOSEA, *Alternative Care*, p.12.
9. Save the Children, *A Last Resort: The growing concern about children in residential care*, p.9.
10. UNICEF/USAID/UNAIDS, *The framework for the protection, care and support of orphans and vulnerable children living in a world with HIV/AIDS* (Washington DC: UNICEF/USAID/UNAIDS/ 2004b), p.9.
11. Save the Children, *A Last Resort: The growing concern about children in residential care*, p.9.
12. HOSEA, *Alternative Care*, p.8.

Chapter 10 헤일로 프로젝트

1. HelpAge International, *Forgotten Families: Older people as carers of orphans and vulnerable children* (Brighton: HelpAge International/ International HIV/AIDS Alliance, 2003), p.8,
2. Family Health International, *Cambodia CAA (Children Affected by AIDS) Review Report* (Cambodia: USAID, 2002).
3. A. S. Dybdal and G. Daigle, *The national survey of providers at alternative care for children in Cambodia: Survey Report*, p.9.

Chapter 12 사창가 사역

1. 포진, 매독 등과 같은 성병 환자 14명을 치료한 연구 결과에 따르면, 한 경우를 제외하고 다 에이즈에 걸린 것으로 나타났다. 성병 때문에 생긴 아물지 않은 상처와

상한 피부를 통해 HIV에 감염될 가능성이 매우 많기 때문이다.

Chapter 14 고아를 위한 교회 개척

1. 이 목록과 이런 통찰은 MissionYear 핸드북에 잘 설명되어 있다. 해당 자료는 www.missionyear.org에서 얻을 수 있다.

Chapter 16 빅 브라더·빅 시스터 프로그램

1. 도시빈민선교회는 약을 무상으로 제공하려고 병원과 협정을 맺었다.

Chapter 17 고아를 위한 제자 훈련

1. UNICEF/USAID/UNAIDS, *The framework for the protection, care and support of orphans and vulnerable children living in a world with HIV/AIDS*, p.9, 16.
2. '상처 입은 치유자'라는 말은 H. Nouwen, *The Wounded Healer* (London: Darton, Longman and Todd Ltd., 1994). 《상처 입은 치유자》(두란노 역간)에서 인용한 것이다.

Chapter 18 세계로 뻗어 가는 고아 사역

1. A. S. Dybdal and G. Daigle, *The national survey of providers at alternative care for children in Cambodia: Survey Report*, p.96.
2. G. Foster, 'Safety nets for children affected by HIV/AIDS in Southern Africa' in R. Pharoah (ed.) *A Generation at Risk? HIV/AIDS, Vulnerable Children and Security in Southern Africa* (South Africa: Monograph, 2004).
3. World Health Organization, *The importance of caregiver-child interactions for the survival and healthy development of young children: a review* (China: Department of Child and Adolescent Health and Development, 2004), vii.
4. J. Bowlby, *Maternal care and mental health*.
5. G. Foster, 'Safety nets for children affected by HIV/AIDS in Southern Africa', p.84.

6. 다수의 지역사회 보호 사역이 수많은 지역 주민을 동원해서 고아들을 돌보게 하는 일에 성공했다. 예를 들어, 짐바브웨의 포커스(FOCUS) 프로그램은 지역사회에서 자원봉사자를 모집해 4천 명이 넘는 고아를 방문하고 격려하게 했다.
7. 예를 들어, 짐바브웨의 베다니(Bethany) 프로젝트는 어린이 8천 명을 돌본다.
8. G. Foster, 'Safety nets for children affected by HIV/AIDS in Southern Africa', p.66.
9. 같은 글, p.68.
10. 또 다른 유형의 학대는 정서적인 것이다. 특히 에이즈로 고아가 된 아이들이 주변 사람에게 비난을 많이 받는다. 그래서 고아들을 살던 동네에서 나오게 하는 일이 쉽다. 하지만 소수의 아이를 지역사회에서 나오게 한다고 해서 그 문제가 해결되는 것은 아니다. 비난받는 대상을 빼돌리면 오히려 더 차별이 증가할 수 있다. 고아들의 병이 다른 사람들에게 전염될까 봐 그 아이들을 빼돌렸다고 생각하게 되면서 두려움이 더욱 생기기 때문이다. 따라서 아이들을 빼돌리기보다는 지역 주민을 대상으로 에이즈 교육을 실시해, 에이즈를 부정적으로 보지 않게 하는 것이 더 낫다. 다른 한편에서는, 아이가 고아원이나 보육 시설에 산다는 이유로 주변 사람에게 비난을 받을 수 있다. 연구 결과에 따르면 보육 시설에 살거나 산 경험이 있는 아이들은 학교와 사회에서 자주 비난을 받고 차별당했다. 예를 들어, 불교 사원에서 사는 아이들은 종종 '사원 개'라고 불린다.

부록 2 고아 사역을 위한 조언

1. L. Bender and H. Yarnell, 'An Observation Nursery', *American Journal of Psychiatry*, 97 (1941), p.1158-1174.
2. W. Goldfarb, 'The Effects of Early Institutional Care on Adolescent Personality', *Journal of Experimental Education*, B (1943), p.106-129.
3. I. Gindl, H. Hetzer and M. Sturm, 'Unangemessenheit der Anstalt als Lebensraum fur das Kleinkind', *Angew Psycholog*, 52 (1937), p.310-358.
4. S. Kaler and B. J. Freeman, 'Analysis of environmental deprivation: cognitive and social development in Romanian orphans', *Journal of*

Child Psychology and Psychiatry and Allied Disciplines, 35 (1994), p.4, 769-781.

5. W. Dennis, *Children of the Creche: Conclusions and implications* (London: Open Books, 1976).

6. T. F. Bodman, M. MacKinley and K. Sykes, 'The Social Adaptation of Institution Children', *The Lancet*, 1 (1950), p.173-176.

7. G. Klackenberg, 'Studies in maternal deprivation in infants' homes', *Paediatrics*, 45 (1956), p.1-12.

8. L. Fischer, 'Hospitalism in Six-Month-Old Infants', *American Journal of Orthopsychiatry*, 22 (1952), p.522-533.

9. Save the Children, *A Last Resort: The growing concern about children in residential care*, p.8.

국내외 고아 관련 사역 참여 안내

국제아동돕기연합 http://www.uhic.org

전 세계 불우한 환경에 처한 아이들에게 국제 교류 및 구호 활동을 통해 교육, 의료, 기본 생활환경 등을 제공하며, 아이들이 스스로 일어설 수 있도록 격려하고 지원한다. 이들이 추구하는 세계 아동 구호 사업은 청년들이 주체가 되어 직접 참여할 수 있는 활동으로, 청년들은 다양한 분야에 지원할 수 있다.

헬핑핸즈 http://www.helpinghands.or.kr

빈곤 국가의 저개발지역을 개발하여 교육 환경을 개선한다. 어린이들이 교육받을 수 있도록 지원하고, 빈곤에서 벗어나도록 돕고, 국내 결식아동을 정서 · 경제적으로 지원하여 아이들의 성장을 돕는다.

한국SOS어린이마을 http://www.koreasos.or.kr

전 세계 132개국에서 부모의 보호를 받지 못하는 어린이와 형편이 어려운 가정의 어린이에게 중점을 두고 활동하고 있다. 친부모가 양육할 수 없는 어린이에게 가정 형태의 보호를 제공하며, 아이들이 성장하고 자립할 때까지 개별적으로 지원한다.

어린이재단 http://www.childfund.or.kr

국제어린이재단연맹의 회원 기관으로 연맹 기관과 함께 전 세계 53개국의 어린이와 가족을 위해 지역개발, 의료 서비스, 교육, 긴급 구호를 수행하고, 전문적인 복지 서비스를 제공하고자 독창적인 후원 프로그램을 개발·운영하며 기부 문화를 선도하고 있다.

유니세프 한국위원회 http://www.unicef.or.kr

국적과 인종, 성별, 종교의 벽을 넘어 '차별 없는 구호의 정신'으로 전 세계 모든 어린이를 도와주는 국제 단체다. 영양, 보건, 교육, 긴급 구호 등의 다양한 어린이 관련 사업을 시행하고 있다.

한국컴패션 http://www.compassion.or.kr

어린이를 영적, 정서적, 사회적, 육체적, 감성적 빈곤에서 자유롭게 하는 데 도움을 주고자 전 세계 5,100여 개 지역교회와 함께 일하는 단체다. 1:1 결연 후원이나 비전트립 등으로 사역에 참여할 수 있다.

써빙프렌즈 http://www.servingfriends.org

에이즈나 환난, 고통 중에 있는 어린이를 돕고 긴급 구호, 구제, 지역개발을 통해 실제적인 사랑을 실천하며 섬긴다. 일반 후원 외에도 기업 후원, 물품 후원 등 다양한 방법으로 도움을 줄 수 있다.

 나인 프런티어스 시리즈 소개

초교파 선교단체인 예수전도단은 하나님이 주신 다양한 은사와 방법을 사용하여 전 세계 9개 최전방 지역, 이른바 '나인 프런티어스' (9 Frontiers)에 복음을 전하고 있다. '나인 프런티어스'란 현재 복음이 들어가지 못한 지역, 원수와 영적 전쟁을 하는 국경선을 9개로 구분한 것으로, 다음과 같다.

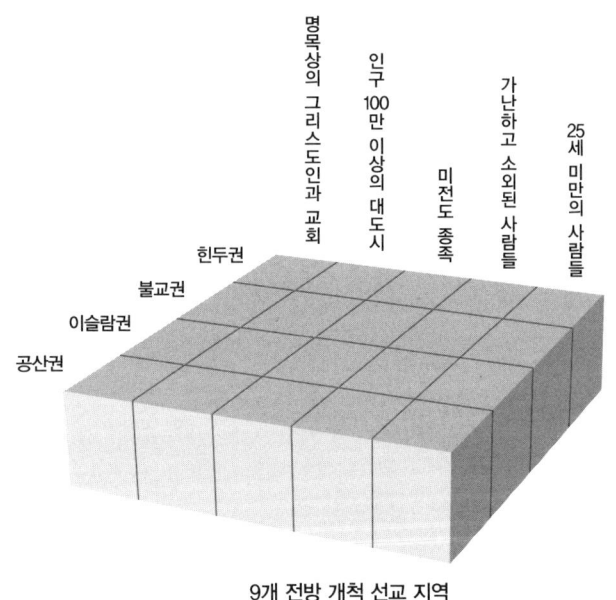

9개 전방 개척 선교 지역

나인 프런티어스 시리즈는 최근 9개 최전방 지역에 어떤 사역이 일어나는지 소개하고, 그 지역 사역에 장·단기 사역자로 참여하거나 재정 후원으로 참여하도록 도전한다. 또한 참여하거나 후원하는 사역을 행동으로 옮길 수 있도록 구체적인 방법과 정보를 제공한다.

나인 프런티어스 시리즈는 이 분야 사역자, DTS나 MP와 같이 선교 단체 훈련을 받은 사람, 선교에 관심 있는 사람뿐 아니라 해외 단기선교나 봉사, 기부 등으로 믿음을 실천하기 원하는 모든 사람에게 실질적인 자료를 제공하고, 그들이 열방을 향한 하나님의 마음을 온전히 품을 수 있도록 도울 것이다. 이 시리즈가 이 땅에 하나님의 나라를 임하게 하는 데 유용한 밑거름이 될 것을 기대한다.

헤일로 프로젝트

지은이 크레이그 그린필드
옮긴이 한화룡

2010년 7월 7일 1판 1쇄 펴냄
2012년 7월 2일 1판 3쇄 펴냄

펴낸이 이창기
펴낸곳 도서출판 예수전도단
출판 등록 1989년 2월 24일(제2-761호)
주소 경기도 고양시 일산동구 백석2동 1329 성지 밀레니엄리젠시 301호
전화 031-901-9812 · **팩스** 031-901-9851
전자우편 publ@ywam.co.kr
홈페이지 www.ywam.kr
주문 전화 031-908-9987 · 팩스 031-908-9986

ISBN 978-89-5536-349-4

책값은 뒤표지에 있습니다.
잘못된 책은 바꾸어 드립니다.